中|华|国|学|经|典|普|及|本

童蒙须知 小学
朱子治家格言

〔南宋〕朱熹 著 〔清〕朱柏庐 著

齐艳杰 注

中国书店

图书在版编目（CIP）数据

童蒙须知 /（南宋）朱熹著；齐艳杰注 . 小学 /
（南宋）朱熹著；齐艳杰注 . 朱子治家格言 /（清）朱柏
庐著；齐艳杰注 . —北京：中国书店，2024.10
（中华国学经典普及本）
ISBN 978-7-5149-3592-9

Ⅰ . ①童… ②小… ③朱… Ⅱ . ①朱… ②朱… ③齐
… Ⅲ . ①古汉语—启蒙读物②《朱子家训》 Ⅳ .
① H194.1 ② B823.1

中国国家版本馆 CIP 数据核字（2024）第 077001 号

童蒙须知·小学·朱子治家格言

〔南宋〕朱熹 〔清〕朱柏庐 著 齐艳杰 注
责任编辑：李宏书

出版发行：中国书店
地　　址：北京市西城区琉璃厂东街 115 号
邮　　编：100050
电　　话：（010）63013700（总编室）
　　　　　（010）63013567（发行部）
印　　刷：三河市嘉科万达彩色印刷有限公司
开　　本：880 mm×1230 mm　1/32
版　　次：2024 年 10 月第 1 版第 1 次印刷
字　　数：130 千
印　　张：7
书　　号：ISBN 978-7-5149-3592-9
定　　价：55.00 元

"中华国学经典普及本"编委会

顾 问 (排名不分先后)

王守常（北京大学哲学系教授，中国文化书院原院长）

李中华（北京大学哲学系教授、博导，中国文化书院原副院长）

李春青（北京师范大学文学院教授、博导）

过常宝（北京师范大学文学院原院长、教授、博导，河北大学副校长）

李 山（北京师范大学文学院教授、博导）

梁 涛（中国人民大学国学院副院长、教授、博导）

王 颂（北京大学哲学系教授、博导，北京大学佛教研究中心主任）

编写组成员 (排名不分先后)

赵 新	王耀田	魏庆岷	宿春礼	于海英
齐艳杰	姜 波	焦 亮	申 楠	王 杰
白雯婷	吕凯丽	宿 磊	王光波	田爱群
何瑞欣	廖春红	史慧莉	胡乃波	曹柏光
田 恬	李锋敏	王毅龄	钱红福	梁剑威
崔明礼	宿春君	李统文		

前言

　　启蒙之意，即是开导蒙昧，使之明白事理。启蒙教育始终是传统文化的一项重要内容，自春秋时起，关于启蒙教育的著作便不断涌现，春秋之《管子》《论语》、唐之《蒙求》、宋之《童蒙训》、元之《左氏蒙求》、清之《文字蒙求》等等，皆是对稚童的言行进行规范以使其明事理、懂礼仪的启蒙教育读物，由此，一门受到社会各界普遍关注的蒙学教育形成、发展。

　　提及蒙学教育，尤其不能绕开朱子。朱子，即朱熹，字元晦，号晦庵，南宋时著名的理学家、思想家、教育家，是儒学集大成者。他尤其注重对儿童进行启蒙教育，以助其知晓做人的基本道理和社会生活知识，培养稚童行事的浩然正气。

　　本书经过仔细甄选，选出最能代表朱子蒙学主张的《童蒙须知》和《小学》，以及清初朱伯庐所著的《朱子治家格言》。此三者是在蒙学教育中具有深远影响的三部作品，皆以"养正"为主旨，由此而说开去，伸向生活的各个方面，使稚童受到正身、慎言、明理的熏陶。

《童蒙须知》是一部细致入微、寓意深刻的书。它剖开生活实践的内里，为稚童传授生活礼节。此书分为五个部分，即"衣服冠履""言语步趋""洒扫涓洁""读书写文字""杂细事宜"，内容之全面，内涵之丰富，历史底蕴之深厚，令人赞叹。书中所言并不因时代久远而无实用性，它贴近稚童生活，境界宏阔、学养深厚却不乏实际之处，是教授稚童养成良好习惯，自幼年起便知书达理的书。

《小学》是朱熹在《童蒙须知》之外，又一部精华之作，亦是影响最为久远、价值最受世人认可之作。在朱熹看来，人之教育有"小学"和"大学"之分。"小学"即8—15岁应受的教育。在这一阶段，稚童还不具备完善的思维能力，智力亦尚未开启，因而以生活实践与涵养德行为主。《小学》分为《内篇》和《外篇》，《内篇》分别为"立教""明伦""敬身""稽古"四篇，《外篇》则有"嘉言""善行"两篇。《四库全书总目》有言："是书所录，皆宋儒所谓养正之功，教之本也。"又有言："儒者为学之基，实备于此。"明太祖朱元璋曾令亲王、驸马、太学生皆读此书，由此可见此书价值非同一般。本次编辑，节选原书精彩部分，以供参考。

《朱子治家格言》，又名《朱子家训》，是清初朱柏庐所著。朱柏庐为著名理学家、教育家，昆山（今属江苏）人，与归有光、顾炎武并称为"昆山三贤"，又与徐枋、扬无咎并称"吴中三高士"。他潜心读书治学，以程朱理学为本，教授学生知行并进、躬身实践，而作成此书，以传授知书达理的行为规范。

本书合《童蒙须知》《小学》《朱子治家格言》为一书，对这三种启蒙教育读物中的生僻字进行注音与释义，对古今意义区别较大的词汇进行必要的注释，并附录《教童子法》《家诫要言》《童子礼》《小儿语》《续小儿语》几种。本书中侍奉父母、尊敬师长、修身养性、潜心学习、勤奋进取之内涵，在当今时代更具借鉴意义。

目录

童蒙须知

小学

朱子治家格言

附录

童蒙须知

〔南宋〕朱熹 著

原叙①

【原文】

夫童蒙②之学，始于衣服冠履，次及言语步趋，次及洒扫涓洁③，次及读书写文字，及有杂细事宜，皆所当知。今逐目条列，名曰《童蒙须知》。若其修身治心、事亲接物与夫穷理尽性④之要，自有圣贤典训⑤，昭然⑥可考，当次第晓达，兹不复详著云。

【注释】

①叙：同"序"，即序言。

②童蒙：幼稚无知的人。

③涓洁：清洁，洁净。

④穷理尽性：穷究天地万物的规律和本质。

⑤典训：《尚书》中《尧典》《伊训》等篇的并称。此处指典籍。

⑥昭然：明白清楚的样子。

衣服冠履第一

【原文】

　　大抵为人，先要身体端整。自冠巾、衣服、鞋袜皆须收拾爱护，常令洁净整齐。我先人常训①子弟云："男子有三紧。谓头紧、腰紧、脚紧。"头谓头巾，未冠者总髻②。腰谓以绦③或带束腰。脚谓鞋袜。此三者要紧束，不可宽慢④。宽慢则身体放肆⑤，不端严，为人所轻贱矣。

【注释】

　　①训：教导。

　　②总髻：总角。古时男童束发为两结，向上分开，形如角。

　　③绦（tāo）：丝带，丝绳。

　　④宽慢：即蓬松散乱。

　　⑤放肆：没有约束，放纵而为。

【原文】

　　凡着衣服，必先提整衿①领，结两衽②纽带，不可令有阙③落。饮食照管，勿令污坏；行路看顾，勿令泥渍④。

【注释】

①衿（jīn）：古代服装下连到前襟的衣领。

②衽（rèn）：衣襟。

③阙：缺少。

④渍（zì）：沾在物体表面难以去除的泥、油等污垢。

【原文】

凡脱衣服，必齐整折叠箱箧①中。勿散乱顿放②，则不为尘埃杂秽所污。仍易于寻取，不致散失。着衣既久，则不免垢腻。须要勤勤洗浣③。破绽则补缀④之，尽补缀无害，只要完洁。

【注释】

①箧（qiè）：箱子一类的东西。

②顿放：安顿，放置。

③浣（huàn）：洗。

④缀（zhuì）：缝，补。

【原文】

凡盥①面，必以巾帨②遮护衣领，卷束两袖，勿令有所湿。凡就劳役，必去上笼衣服，只着短便，爱护勿使损污。凡日中③所着衣服，夜卧必更，则不藏蚤虱，不即敝④坏。苟能如此，则不但威仪可法，又可不费衣服。晏子一

狐裘⑤三十年，虽意在以俭化俗，亦其爱惜有道也，此最饬⑥
身之要，毋忽！

【注释】

①盥（guàn）：洗。

②帨（shuì）：佩巾，手巾。

③日中：白天。

④敝：破旧。

⑤狐裘：用狐皮制成的大衣。

⑥饬（chì）：整治。

言语步趋第二

【原文】

　　凡为人子弟，须是常低声下气，语言详缓，不可高言喧哄、浮言^①戏笑。父兄长上有所教督^②，但当低首听受，不可妄自议论。长上检责^③，或有过误，不可便自分解，姑且隐默^④。久却徐徐细意条陈^⑤，云此事恐是如此，向者当是偶尔遗忘。或曰：当是偶尔思省未至。若尔，则无伤忤^⑥，事理自明。至于朋友分上，亦当如此。

【注释】

　　①浮言：毫无根据的话。

　　②教督：教导督促。

　　③检责：检查，批评。

　　④隐默：沉默不语。

　　⑤条陈：分条陈述。

　　⑥忤（wǔ）：违逆，冒犯。

【原文】

　　凡闻人所为不善，下至婢仆违过，宜且包藏^①，不应

言语步趋第二

【原文】

　　凡为人子弟，须是常低声下气，语言详缓，不可高言喧哄、浮言[1]戏笑。父兄长上有所教督[2]，但当低首听受，不可妄自议论。长上检责[3]，或有过误，不可便自分解，姑且隐默[4]。久却徐徐细意条陈[5]，云此事恐是如此，向者当是偶尔遗忘。或曰：当是偶尔思省未至。若尔，则无伤忤[6]，事理自明。至于朋友分上，亦当如此。

【注释】

　　①浮言：毫无根据的话。

　　②教督：教导督促。

　　③检责：检查，批评。

　　④隐默：沉默不语。

　　⑤条陈：分条陈述。

　　⑥忤（wǔ）：违逆，冒犯。

【原文】

　　凡闻人所为不善，下至婢仆违过，宜且包藏[1]，不应

便尔^②声言。当相告语，使其知改。

【注释】

①包藏：宽容，包涵。

②便尔：草率地。

【原文】

凡行步趋跄^①，须是端正，不可疾走跳踯^②。若父母长上有所唤召，却当疾走而前，不可舒缓。

【注释】

①跄（qiàng）：疾走，快走。

②跳踯（zhí）：上下跳跃。

洒扫涓洁第三

【原文】

凡为人子弟，当洒扫居处之地，拂拭几①案，当令洁净。文字②笔砚、凡百③器用④，皆当严肃⑤整齐，顿放有常处。取用既毕，复置元所⑥。

【注释】

①几（jī）：古人坐时用来倚靠或放置东西的小桌子。

②文字：此处指案卷，纸张。

③凡百：一切，一应。

④器用：器皿用具。

⑤严肃：此处指摆放严谨且有规矩。

⑥元所：原来、最初的地方。

【原文】

父兄长上坐起处，文字纸札①之属，或有散乱，当加意②整齐，不可辄③自取用。凡借人文字，皆置簿④钞录主名，及时取还。

【注释】

①纸札（zhá）：纸张。

②加意：注重，特别注意。

③辄（zhé）：立即，即刻。

④簿（bù）：记事本。

【原文】

窗壁、几案、文字间，不可书字。前辈云："坏笔污墨，瘝①子弟职。书几书砚，自黥②其面。"此为最不雅洁，切宜深戒！

【注释】

①瘝（guān）：旷废。

②黥（qíng）：古代的一种肉刑，即在脸上刺字后涂墨。

读书写文字第四

【原文】

凡读书，须整顿几案，令洁净端正。将书册整齐顿放，正身体对书册，详缓看字，子细①分明。

【注释】

①子细：仔细。

【原文】

读之，须要读得字字响亮，不可误一字，不可少一字，不可多一字，不可倒一字。不可牵强①暗记，只是要多诵遍数②，自然上口③，久远不忘。古人云："读书千遍，其义自见④。"谓熟读则不待解说，自晓其义也。

【注释】

①牵强：勉强。

②遍数（shǔ）：一遍一遍地数。

③上口：因诵读诗文等纯熟，能脱口而出。

④见（xiàn）：显现，体现。

【原文】

余尝谓读书有三到①：谓心到、眼到、口到。心不在此，则眼不看子细，心眼既不专一，却只漫浪②诵读，决不能记，记亦不能久也。三到之中，心到最急③。心既到矣，眼口岂不到乎？

【注释】

①到：到位。

②漫浪：放纵而不受拘束，此处指随意。

③急：紧要，重要。

【原文】

凡书册，须要爱护，不可损污绉折①。济阳江禄②，书读未完，虽有急速③，必待掩束④整齐然后起，此最为可法。

【注释】

①绉（zhòu）折：折叠且留下痕迹。

②江禄：南朝梁济阳考城人，字彦遐，自幼好学，善做文章，工于书法、弹琴。

③急速：指仓促之间发生的紧急之事。

④掩束：掩盖，捆束。

【原文】

　　凡写文字，须高执墨锭①，端正研磨，勿使墨汁污手。高执笔，双钩②端楷书字，不得令手指着③毫④。凡写字，未问写得工拙如何，且要一笔一画，严正分明，不可潦草。凡写文字，须要子细看本，不可差讹⑤。

【注释】

　　①墨锭（dìng）：墨块。

　　②双钩：古时一种执笔的指法名称，与"单钩"相对。

　　③着（zhuó）：碰到。

　　④毫：笔头，笔尖。

　　⑤差讹（é）：错误，差错。

杂细事宜第五

【原文】

凡子弟，须要早起晏眠①。凡喧哄斗争之处不可近，无益之事不可为。谓如赌博、笼养②、打球③、踢球④、放风禽⑤等事。

【注释】

①晏（yàn）眠：睡眠，安眠。晏，安定，安乐。

②笼养：用笼子养鸟。

③打球：古时的一种体育运动，与今时的马球运动相类似。

④踢球：古时的一种体育运动，与今时的足球运动相类似。

⑤风禽：风筝。

【原文】

凡饮食，有则食之，无则不可思索，但粥饭充饥不可阙。凡向火①，勿迫近火旁。不惟举止不佳，且防焚爇②衣服。

【注释】

①向火：烤火。

②焚爇（fén ruò）：烧毁。

【原文】

　　凡相揖①，必折腰②。凡对父母长上朋友，必称名③。凡称呼长上，不可以字④，必云某丈⑤。如弟行⑥者，则云某姓某丈。按《释名》⑦弟训第，谓相次第也。某丈者，如云张丈、李丈。某姓某丈者，如云张三丈、李四丈。旧注云。

【注释】

①揖（yī）：古代的拱手礼。

②折腰：弯腰行礼。

③称名：自称时不能称"我"，而称自己的名。

④字：人的表字，古人成年之后，另取一个与本名含义相关的别名，以表其德。

⑤丈：对长辈的尊称。

⑥弟行：兄弟之间的排行。

⑦《释名》：汉末刘熙所著，用于探求事物得名的来由，共八卷。

【原文】

　　凡出外及归，必于长上前作揖，虽暂出亦然。凡饮食于长上之前，必轻嚼缓咽，不可闻饮食之声。凡饮食之物，勿争较多少美恶。凡侍^①长者之侧，必正立拱手。有所问，则必诚实对，言不可妄^②。

【注释】

①侍：侍从，陪从。

②妄：虚妄，虚假。

【原文】

凡开门揭帘，须徐徐轻手，不可令震惊^①声响。凡众坐，必敛^②身，勿广占坐席。凡侍长上出行，必居路之右，住必居左。

【注释】

①震惊：使人惊惧，震动。

②敛（liǎn）：约束，收敛。

【原文】

凡饮酒，不可令至醉。凡如厕^①，必去^②外衣，下必盥手。凡夜行，必以灯烛，无烛则止。凡待婢仆，必端严，勿得与之嬉笑。执器皿必端严，惟恐有失。凡危险，不可近。凡道路遇长者，必正立拱手，疾趋^③而揖。凡夜卧，必用枕，勿以寝衣^④覆首。凡饮食，举匙^⑤必置箸，举箸^⑥必置匙。食已，则置匙箸于案。

【注释】

①如厕：去厕所。

②去：脱下。

③疾趋：快而轻地小步走。

④寝衣：小被，即夹被。

⑤匙（chí）：舀汤用的小勺。

⑥箸（zhù）：筷子。

【原文】

杂细①事宜，品目②甚多，姑举其略，然大概具矣。凡此五篇，若能遵守不违，自不失为谨愿③之士。必又能读圣贤之书，恢④大此心，进德修业⑤，入于大贤君子之域⑥，无不可者。汝曹⑦宜勉之。

【注释】

①杂细：复杂详细。

②品目：事物的名目。

③谨愿：诚实，质朴。

④恢：宏大，弘扬。

⑤进德修业：增进品德，修养学问。

⑥域：境界。

⑦汝曹：你们。

小 学

〔南宋〕朱熹 著

内篇

立教第一

【题解】

　　"立"，建立、设立之意；"教"，指教育，亦指教育方法。由此而言，"立教"则是建立一种行之有效、给人以启蒙的教育方法。这一部分引述古代圣贤的教育主张，以此印证朱熹自己的教育方法，其用意是教育稚童明人伦，持守自身。

【原文】

　　子思子①曰："天命之谓性，率性之谓道，修道之谓教。"则②天明，遵圣法③，述此篇俾④为师者知所以教，而弟子知所以学。

【注释】

　　①子思子：即孔伋，字子思，孔子之孙，孔鲤之子。后一"子"字是古代对人的尊称。
　　②则：效法，遵循。

③圣法：圣人之法度，教导。

④俾（bǐ）：使。

【原文】

　　《列女①传》曰：古者妇人妊②子，寝③不侧，坐不边④，立不跸⑤。不食邪味⑥，割⑦不正不食，席不正不坐，目不视邪色⑧，耳不听淫声⑨。夜则令瞽⑩诵诗，道正事。如此，则生子形容端正，才过人矣。

【注释】

　　①列女：诸女，众妇。

　　②妊（rèn）：怀孕。

　　③寝：卧，睡。

　　④坐不边：古人席地而坐，不偏着身子坐。边，身子偏向一边。

　　⑤跸（bì）：站立不正，身子的重量偏于一只脚。

　　⑥邪味：不正之味。

　　⑦割：切。

　　⑧邪色：不正之色。

　　⑨淫声：不正之声。

　　⑩瞽（gǔ）：瞎，盲。此处指通晓音乐、诗歌的盲人。

【原文】

　　《内则》①曰：凡生子，择于诸母②与可者，必求其宽裕慈惠、温良恭敬、慎而寡言者，使为子师。子能食食③，教以右手；能言，男"唯"④女"俞"⑤；男鞶革；女鞶丝。六年，教之数与方名。七年，男女不同席，不共食。八年，出入门户及即席饮食，必后长者，始教之让。九年，教之数日。十年，出就外傅⑥，居宿于外，学书计；衣不帛襦袴⑦；礼帅初，朝夕学幼仪，请肄⑧简谅。十有三年，学乐，诵诗，舞《勺》⑨；成童，舞《象》⑩，学射御。二十而冠⑪，始学礼；可以衣裘⑫帛；舞《大夏》；惇行孝弟⑬，博学不教，内⑭而不出。三十而有室，始理男事；博学无方，孙⑮友视志。四十始仕，方物出谋发虑；道合则服从，不可则去。五十命为大夫，服官政。七十致事。女子十年不出；姆⑯教婉娩⑰听从；执麻枲⑱，治丝茧，织纴组紃⑲，学女事，以共衣服；观于祭祀，纳酒浆、笾豆⑳、菹醢㉑，礼相助奠。十有五年而笄，二十而嫁；有故，二十三而嫁。聘则为妻，奔则为妾。

【注释】

① 《内则》：《礼记》中的篇名，即讲述家庭内需要遵守的法则。

② 诸母：古时允许一夫多妻，此处指夫之所有妻妾。

③ 食（shí）食（sì）：吃饭。

④ 男"唯"：男子快速答应。

⑤ 女"俞"：女子缓缓答应。

⑥ 外傅：家庭之外的老师。

⑦ 襦袴（rú kù）：上衣和裤子。

⑧ 肄（yì）：学习，练习。

⑨《勺》：即《诗经·周颂·酌》，歌颂周武王的诗歌。

⑩《象》：即《诗经·周颂·武》，赞美周武王的诗歌。

⑪冠（guàn）：戴帽。古代男子二十岁行成人礼，结发戴冠。

⑫裘（qiú）：皮衣。

⑬孝弟（tì）：孝敬父母，敬爱兄长。弟，通"悌"。

⑭内（nà）：通"纳"，接受，容纳。

⑮孙（xùn）：同"逊"，顺，退让。

⑯姆（mǔ）：以妇道之德教授女子的女教师。

⑰婉娩（wǎn）：柔顺的样子。

⑱枲（xǐ）：结籽的大麻。

⑲织纴（rèn）组紃（xún）：指妇女的纺织。纴，织布帛的丝缕。紃，即绦，细带。

⑳笾（biān）豆：古代祭祀时盛放祭品的礼器。笾由竹制成，豆由木制成。

㉑菹醢（zū hǎi）：腌菜和肉酱。

【原文】

《曲礼》①曰：幼子常视②毋③诳④，立必正方⑤，不倾听。

【注释】

①《曲礼》：《礼记》中的篇名。

②视：即"示"，教育，示范。

③毋（wú）：不，不要。

④诳（kuáng）：欺骗。

⑤正方：正面对着一个方向。

【原文】

《学记》①曰：古之教者，家有塾②，党③有庠④，术⑤有序⑥，国⑦有学⑧。

【注释】

①《学记》：《礼记》中的篇名。

②塾（shú）：家学，私人设立的学校。

③党：古代行政单位，五百家为一党。

④庠（xiáng）：即一党之中设立的学校。

⑤术：指"州"，两千五百家为一州。

⑥序：一州之内设立的学校。

⑦国：天子的国都和诸侯国的都城。

⑧学：即天子国都和诸侯国都城设立的学校。

【原文】

孟子①曰：人之有道也，饱食暖衣，逸②居而无教，则近于禽兽。圣人有忧之，使契③为司徒，教以人伦④。父子有亲，君臣有义，夫妇有别，长幼有序，朋友有信。

【注释】

①孟子：名轲，字子舆，战国时邹国人，伟大的思想家、教育

家，儒家学派的代表人物。与孔子并称"孔孟"。

②逸：安闲，无所用心。

③契（xiè）：传说中帝喾之子，被尧任命为司徒，主管教化。

④伦：次序。

【原文】

舜①命契曰："百姓不亲，五品②不逊③。汝作司徒④，敬敷⑤五教⑥，在宽。"命夔⑦曰："命汝典⑧乐，教胄子⑨。直而温，宽而栗⑩，刚而无虐⑪，简而无傲。诗言志，歌永⑫言，声⑬依永，律⑭和声。八音⑮克⑯谐，无相夺伦，神人以和。"

【注释】

①舜：传说中的古代圣帝。

②五品：五种人伦关系，即父子、君臣、夫妇、长幼、朋友。

③逊：恭顺，谦逊。

④司徒：主管教化的官员，为六卿之一。

⑤敷（fū）：布置，实施。

⑥五教：五种教育，即父子教之以亲、君臣教之以义、夫妇教之以别、长幼教之以序、朋友教之以信。

⑦夔（kuí）：舜时乐官。

⑧典：掌管，主管。

⑨胄（zhòu）子：古时帝王与卿大夫的长子。

⑩栗（lì）：严肃，威严。

⑪虐（nüè）：侵害，残暴。

⑫永：通"咏"，吟咏，咏唱。

⑬声：五声，即宫、商、角、徵、羽。

⑭律：十二律，即乐律的统称。

⑮八音：金、石、丝、竹、匏、土、革、木。

⑯克：能。

【原文】

《周礼·大司徒①》：以乡三物②教万民而宾③兴④之：一曰六德，知⑤、仁、圣、义、忠、和；二曰六行，孝、友⑥、睦⑦、姻⑧、任⑨、恤⑩；三曰六艺，礼、乐、射、御、书、数。以乡八刑纠万民：一曰不孝之刑，二曰不睦之刑，三曰不姻之刑，四曰不弟之刑，五曰不任之刑，六曰不恤之刑，七曰造言⑪之刑，八曰乱民之刑。

【注释】

①大司徒：主管国家教化的最高长官。

②三物：三件事。即下文所言"六德""六行""六艺"。

③宾：乡中具备德、行、艺三种才能的人被尊为宾。

④兴：推举，举荐。

⑤知：通"智"，辨识事理。

⑥友：兄弟友善。

⑦睦：九族亲善。

⑧姻：对姻亲友善。

⑨任：对朋友讲信用。

⑩恤（xù）：怜惜救济贫困之人。

⑪造言：造谣。

【原文】

《弟子职》曰：先生施教，弟子①是则。温恭②自虚，所受是极③。见善从之，闻义则服④。温柔孝弟，毋骄恃⑤力。志毋虚邪，行必正直。游居⑥有常，必就有德。颜色整齐，中心必式⑦。夙兴夜寐⑧，衣带必饬⑨。朝益⑩暮习，小心翼翼⑪。一此不懈⑫，是谓学则。

【注释】

①弟子：学生。

②温恭：谦逊恭敬。

③所受是极：接受教育、学习知识时要穷究正确的道理、准则。极，穷尽。

④服：行动。

⑤恃：依仗，凭借。

⑥游居：行止起居。

⑦式：规矩，榜样。

⑧夙（sù）兴夜寐（mèi）：早起晚睡。

⑨饬（chì）：整顿，整齐。

⑩益：增。

⑪小心翼翼：谨慎恭敬。

⑫懈（xiè）：懈怠，松散。

【原文】

孔子①曰：弟子入则孝，出则弟，谨而信，泛②爱众，而亲仁。行有余力③，则以学文。

【注释】

①孔子：孔氏，名丘，字仲尼，春秋时鲁国人，儒家学派创始人。

②泛：广泛。

③余力：闲暇时间。

【原文】

兴①于诗，立②于礼，成③于乐。

【注释】

①兴：兴起。

②立：立身处世。

③成：修成，养成。

【原文】

《乐记》曰：礼乐不可斯须①去身。

【注释】

①斯须：短暂，片刻。

【原文】

子夏①曰：贤贤②易色③；事父母，能竭其力；事君，能致④其身；与朋友交，言而有信。虽曰未学，吾必谓之学矣。

【注释】

①子夏：姓卜，名商，孔子弟子，春秋时卫国人。

②贤贤：以贤为贤，注重他人之美德。

③色：喜好美色。

④致：委，献身。

明伦第二

【题解】

所谓"明伦"，即是"明人伦"，认识并能合理处理人与人之间的关系。这些关系包括君臣、父子、长幼、朋友之间的关系。"明伦"是《小学》全书的精髓所在，朱熹着如此多的笔墨写这一部分，有两个用意：第一，让稚童通过学习明白人伦之理；第二，将学到的人伦之理运用到生活中去。

【原文】

孟子曰："设为庠序学校以教之，皆所以明人伦也。"稽①圣经，订②贤传，述此篇以训③蒙士④。

【注释】

①稽（jī）：考察。

②订：评议。

③训：教育。

④蒙士：浅学无知之人，此处指开始学习的儿童。

父子之亲

【原文】

凡内外①，鸡初鸣，咸盥漱，衣服②，敛枕簟③，洒扫室堂及庭，布席④，各从其事。

【注释】

①内外：指全家上下、尊卑、长幼。

②衣（yì）服：穿好衣服。

③簟（diàn）：竹席。

④布席：铺设坐席。

【原文】

父母、舅姑①将坐，奉席②，请何乡③？将衽④，长者奉席，请何趾⑤？少者执床⑥与坐，御者⑦举几⑧，敛席与簟，县衾⑨，箧枕⑩，敛簟而襡⑪之。父母、舅姑之衣衾簟席枕几，不传⑫；杖屦⑬，祗⑭敬之，勿敢近；敦牟⑮卮⑯匜⑰，非馂⑱莫敢用；与恒⑲饮食，非馂，莫之敢饮食。

【注释】

①舅姑：公公、婆婆。

②奉席：捧座席。

③请何乡（xiàng）：请问朝向什么方向坐。乡，通"向"。

④衽（rèn）：卧席。此处指睡觉。

⑤请何趾（zhǐ）：请问脚向哪一方。趾，脚。

⑥床：坐榻一类的东西。

⑦御者：仆人。

⑧几（jī）：小桌子。

⑨县衾（xuán qīn）：将被子挂起来。县，通"悬"，悬挂。衾，被子。

⑩箧（qiè）枕：将枕头装进箱子。箧，箱子。

⑪襡（dú）：收藏。

⑫传：移动。

⑬屦（jù）：鞋子。

⑭祗（zhī）：敬，敬重。

⑮敦牟（duì móu）：两种装食物的器具。

⑯卮（zhī）：酒器。

⑰匜（yí）：盛水的用具。

⑱馂（jùn）：吃剩下的食物。

⑲恒：平常，平时。

【原文】

《曲礼》曰：凡为人子之礼，冬温①而夏清②，昏定③而晨省④。出必告，反⑤必面。所游必有常⑥，所习必有业⑦。恒⑧言不称老。

【注释】

①温：暖和。

②清（qìng）：凉爽，清凉。

③定：安置父母或尊长的床褥。

④省（xǐng）：问候，问安。

⑤反：同"返"，回来。

⑥常：固定的地方。

⑦业：学业。

⑧恒：平常。

【原文】

《礼记》曰：孝子之有深爱者，必有和气；有和气者，必有愉色；有愉色者，必有婉容^①。孝子如执玉，如奉盈^②，洞洞^③属属^④然，如弗胜^⑤，如将失之。严威俨恪^⑥，非所以事亲也。

【注释】

①婉（wǎn）容：和顺的容色。

②奉（pěng）盈：双手捧着满满的水。奉，通"捧"。

③洞洞：虔诚质朴的样子。

④属属：忠心专一的样子。

⑤胜（shēng）：承担，承受。

⑥俨恪（yǎn kè）：庄重严肃。

【原文】

《曲礼》曰：凡为人子者，居不主奥[1]，坐不中席[2]，行不中道，立不中门。食飨[3]不为槩[4]，祭祀不为尸[5]。听于无声，视于无形。不登高，不临深。不苟[6]訾[7]，不苟笑。

【注释】

①主奥：坐于尊位。

②中席：坐席的中间位置。

③食飨（sì xiǎng）：大宴宾客。

④槩（gài）：通"概"，限量。

⑤尸：古代祭祀时，祭祀之人代替受祭之人。

⑥苟（gǒu）：随便，苟且。

⑦訾（zǐ）：诋毁。

【原文】

孔子曰：父母在，不远游[1]；游必有方[2]。

【注释】

①游：游历。

②方：方位，住所。

【原文】

《曲礼》曰：父母存[1]，不许[2]友以死。

【注释】

①存：在世，活着。

②许：许诺，答应。

【原文】

《礼记》曰：父母在，不敢有其身，不敢私①其财，示民有上下也。父母在，馈献②不及车马③，示民不敢专④也。

【注释】

①私：私自占有。

②馈（kuì）献：赠送。

③车马：车与马，此处引申为重要的财物。

④专：独断独行，自作主张。

【原文】

《曲礼》曰：父召，无诺①；先生召，无诺。唯②而起。

【注释】

①诺：缓缓应答。

②唯：快速应答。

【原文】

《士相见礼》曰：凡与大人①言，始视面，中视抱②，卒^③视面，毋改。众皆若是。若父，则游^④目，毋上于面，毋下于带^⑤。若不言，立则视足，坐则视膝。

【注释】

①大人：对显贵之人和长辈的尊称。

②抱：胸。

③卒：最终，最后。

④游：游动，移动。

⑤带：腰带。

【原文】

《礼记》曰：父命呼，唯而不诺；手执业^①，则投之；食在口，则吐之；走^②而不趋。亲老，出不易方，复^③不过时。亲瘵^④，色容不盛。此孝子之疏节^⑤也。父没^⑥，而不能读父之书，手泽^⑦存焉尔；母没，而杯圈^⑧不能饮焉，口泽之气存焉尔。

【注释】

①业：事务，业务。

②走：快步走，跑。

③复：返，回家。

④瘵（jí）：通"瘠"，病，疾病。

⑤疏节：疏略的礼节。

⑥没（mò）：去世。

⑦手泽：手迹，手汗。

⑧杯圈：饮食器物。

【原文】

曾子①曰：孝子之养老②也，乐其心，不违其志；乐其耳目，安其寝处③，以其饮食忠④养之。是故父母之所爱，亦爱之，父母之所敬，亦敬之。至于⑤犬马尽⑥然，而况于人乎？

【注释】

①曾子：曾参，字子舆，春秋时鲁国人，孔子弟子。

②老：此处指父母。

③寝处（qǐn chǔ）：坐与卧，指日常生活。

④忠：尽心。

⑤至于：甚至，连。

⑥尽：完全。

【原文】

曾子曰：父母爱之，喜而弗忘；父母恶①之，惧而无怨；父母有过，谏②而不逆③。

【注释】

①恶（wù）：憎恨，讨厌。

②谏（jiàn）：以言语规劝。

③逆：违逆，不顺。

【原文】

　　《内则》曰：父母有过，下气①怡②色，柔声以谏。谏③若不入，起④敬起孝。说，则复谏；不说⑤，与其得罪于乡党州闾⑥，宁孰⑦谏。父母怒，不说而挞⑧之流血，不敢疾⑨怨，起敬起孝。

【注释】

　　①下气：和气。

　　②怡：和悦，喜乐。

　　③谏（jiàn）：规劝。

　　④起：兴起。

　　⑤说：通"悦"，高兴。

　　⑥乡党州闾（lǘ）：古时一万二千五百家为乡，五百家为党，二千五百家为州，二十五家为闾。

　　⑦孰：同"熟"，反复，恳切。

　　⑧挞（tà）：用鞭棍等打。

　　⑨疾：怨，恨。

【原文】

　　父母有疾，冠者不栉①，行不翔②，言不惰③，琴瑟不御④，食肉不至变味⑤，饮酒不至变貌⑥，笑不至矧⑦，怒不至詈⑧。疾止复故⑨。

【注释】

①栉（zhì）：梳理头发。

②翔：行走时两臂张开。

③惰：语言戏笑轻慢。

④御：用。

⑤变味：肉食多，味道则改变，此处引申为少吃肉。

⑥变貌：酒饮多，外貌则改变，此处引申为少喝酒。

⑦䶍（shěn）：齿龈，牙齿的根部。

⑧詈（lì）：怒骂，责备。

⑨故：往常，原来。

【原文】

《内则》曰：父母虽没，将为善，思贻^①父母令^②名，必果；将为不善，思贻父母羞辱，必不果^③。

【注释】

①贻（yí）：留下，遗留。

②令：美，好。

③果：果断，引申为坚决做某事，使之成为事实。

【原文】

《祭义》曰：霜露既降，君子履^①之，必有凄怆^②之心，非其寒之谓也。春，雨露既濡^③，君子履之，必有怵惕^④

之心，如将见之。

【注释】

①履（lǚ）：踏踩。

②凄怆：悲伤。

③濡（rú）：湿润，润泽。

④怵惕（chù tì）：警惕，惊惧。

【原文】

君子之祭也，必身亲莅①之。有故，则使人②可也。

【注释】

①莅（lì）：到，临。

②使人：派人代替。

【原文】

《曲礼》曰：君子虽贫，不粥①祭器；虽寒，不衣②祭服；为宫室，不斩于丘③木。

【注释】

①粥（yù）：通"鬻"，卖，出卖。

②衣（yì）：穿。

③丘：坟墓，墓地。

【原文】

孔子曰：父母生之，续^①莫大焉。君亲临^②之，厚莫重焉。是故，不爱其亲而爱他人者，谓之悖德；不敬其亲而敬他人者，谓之悖^③礼。

【注释】

①续：传接，承续。

②临：治理，统治。

③悖（bèi）：违反，违背。

【原文】

孝子之事亲^①，居则致其敬，养则致^②其乐，病则致其忧，丧则致其哀，祭则致其严。五者备矣，然后能事亲。事亲者，居上^③不骄，为下^④不乱，在丑^⑤不争。居上而骄则亡，为下而乱则刑，在丑而争则兵。此三者不除，虽日用三牲^⑥之养，犹为不孝也。

【注释】

①事亲：侍奉父母。

②致：极，尽。

③居上：处于高位。

④为下：处于下位。

⑤丑：同类，众类。

⑥三牲：牛、羊、猪，此为最高等级的供养。

【原文】

孟子曰：世俗所谓不孝者五：惰其四支①，不顾父母之养，一不孝也；博弈②好饮酒，不顾父母之养，二不孝也；好货财，私③妻子④，不顾父母之养，三不孝也；从⑤耳目之欲⑥，以为父母戮⑦，四不孝也；好勇斗狠⑧，以危父母，五不孝也。

【注释】

①支：通"肢"。

②博弈（yì）：赌博和下棋。

③私：偏爱，偏私。

④妻子：妻子儿女。

⑤从（zòng）：通"纵"，放纵，放任。

⑥耳目之欲：声色欲望。

⑦戮（lù）：侮辱，羞耻。

⑧狠：愤戾，狠毒。

【原文】

曾子曰：身也者，父母之遗体①也。行父母之遗体，敢不敬乎？居处不庄，非孝也；事君不忠，非孝也；莅官②不敬，非孝也；朋友不信，非孝也；战陈③无勇，非孝也。五者不遂④，裁⑤及其亲，敢不敬乎？

【注释】

①遗体：父亲身体的延续。

②莅（lì）官：做官。

③陈（zhèng）：通"阵"，战场，阵地。

④遂：成，实现。

⑤烖（zāi）：同"灾"，灾祸。

【原文】

孔子曰：五刑^①之属^②三千，而罪莫大于不孝。

【注释】

①五刑：五种刑法，即刺面、割鼻、断足、去势、死刑。

②属：类，种类。

君臣之义

【原文】

《礼记》曰：将适^①公所^②，宿齐戒^③，居外寝^④，沐浴。史^⑤进象笏^⑥，书思^⑦对^⑧命^⑨。既服，习容观^⑩，玉声^⑪，乃^⑫出。

【注释】

①适：往，到。

②公所：君王朝所处的地方。

③宿齐（zhāi）戒：前一天便整洁心身，不饮酒，不吃荤，不与妻妾同寝，以示虔诚。齐，通"斋"。

④外寝（qǐn）：正寝，也就是中门外的房屋，斋戒、居丧的住所。

⑤史：掌管文史者。

⑥象笏（hù）：用象牙制成的板子，其上记着重要的事情，以防遗忘。

⑦思：想要告诉君王的事情。

⑧对：应对君王可能要问的事情。

⑨命：君王曾经命令自己奉行的事情。

⑩容观：仪容，风度。

⑪玉声：佩玉之声和缓中节。

⑫乃：方，才。

【原文】

《曲礼》曰：凡为君使者，已受命，君言不宿于家①。君言至，则主人出拜君言之辱②。使者归，则必拜送于门外。若使人于君所，则必朝服而命之③。使者反④，则必下堂而受命。

【注释】

①君言不宿于家：接受君命后，不能在家耽搁停留。

②君言之辱：谦辞，指自己不配跟君王说话。

③朝服而命之：穿上朝服以后，才指派人行事。此为敬重国君。

④反：通"返"，回来。

【原文】

《论语》曰：君召使摈①，色勃②如也，足躩③如也。揖④所与立，左右手，衣前后，襜如⑤也。趋进，翼如⑥也。宾退，必复命曰："宾不顾⑦矣。"

【注释】

①摈（bìn）：通"傧"，接待宾客。

②勃：神色变得凝重，庄严。

③躩（jué）：疾行，快步走。

④揖（yī）：行拱手礼。

⑤襜（chān）如：礼服整齐的样子。

⑥翼如：张开手臂做拱手状，像鸟张开翅膀。

⑦顾：回头，回顾。

【原文】

《礼记》曰：君赐车马，乘以拜赐；衣服，服以拜赐。君未有命，弗①敢即乘服也。

【注释】

①弗（fú）："不"的同源字。

【原文】

《论语》曰：君赐食，必正席先尝之。君赐腥^①，必熟而荐^②之。君赐生，必畜^③之。

【注释】

①腥：生肉。

②荐：献，进。

③畜（xù）：养。

【原文】

君命召，不俟^①驾行矣。

【注释】

①俟（sì）：等待。

【原文】

孔子曰：君子事君，进^①思尽忠，退^②思补过，将顺其美，匡^③救其恶，故上下能相亲。

【注释】

①进：进见君主。

②退：退朝居于家。

③匡：纠正。

【原文】

君使臣以礼，臣事①君以忠。

【注释】

①事：侍奉。

【原文】

大臣以道事君，不可则止①。

【注释】

①止：停止侍奉君王。

【原文】

子路①问事君，子②曰："勿欺也，而犯③之。"

【注释】

①子路：仲由，字子路，春秋时鲁国人，孔子弟子。

②子：孔子。

③犯：冒犯，触犯，此处指不怕冒犯君王而规劝。

【原文】

鄙夫①可与事君也与哉②？其未得之也，患得之。既得之，患失之。苟③患失之，无所不至④矣。

【注释】

①鄙夫：卑鄙浅薄、庸俗不正的人。

②与（yú）哉：语气助词。

③苟：假如，如果。

④无所不至：任何事都干得出来。

【原文】

孟子曰：责难①于君谓之恭，陈善闭邪②谓之敬，吾君不能谓之贼。

【注释】

①责难：要求他人做难做的事情。

②陈善闭邪：陈述善道，禁闭邪心。

【原文】

有官守①者，不得其职，则去；有言责②者，不得其言，则去。

【注释】

①官守：官位职责。

②言责：以向君王进言为责任。

夫妇之别

【原文】

《士昏礼》曰：父醮①子，命之曰："往迎尔相②，承我宗事③，勖④帅⑤以敬，先妣⑥之嗣。若⑦则有常。"子曰："诺。唯恐弗堪⑧，不敢忘命。"父送女，命之曰："戒之敬之，夙夜无违命！"母施衿⑨结帨⑩，曰："勉之敬之，夙夜无违宫事⑪。"庶母⑫及门内施鞶⑬，申⑭之以父母之命，命之曰："敬恭听，宗⑮尔父母之言。夙夜无愆⑯，视诸衿鞶！"

【注释】

①醮（jiào）：婚礼时举行的一种仪节，以酒祭神。

②相：助，妻助夫，所以妻称"相"。

③宗事：宗庙之事。

④勖（xù）：勉励。

⑤帅：提倡，引导。

⑥先妣（bǐ）：亡母。此处指祖母和祖母辈以上的女性祖先。

⑦若：你。

⑧堪：能。

⑨衿（jīn）：又作"襟"，衣带，衣服的交领。

⑩帨（shuì）：佩巾。

⑪宫事：闺房之事，家内之事。

⑫庶母：父亲的妾。

⑬鞶（pán）：束衣的大带，男用革，女用丝。

⑭申：重申。

⑮宗：遵从，尊崇。

⑯愆（qiān）：过错，过失。

【原文】

孔子曰：妇人，伏①于人也，是故无专制之义，有三从②之道。在家从父，适③人从夫，夫死从子，无所敢自遂④也。教令不出闺门，事在馈食⑤之间而已矣。是故女及日⑥乎闺门之内，不百里而奔丧。事无擅⑦为，行无独成⑧。参知⑨而后动，可验而后言。昼不游庭⑩，夜行以火，所以正妇德也。女有五不取⑪：逆家子不取，乱家子不取，世有刑人⑫不取，世有恶疾不取，丧父长子⑬不取。妇有七去⑭：不顺父母，去；无子，去；淫，去；妒，去；有恶疾，去；多言，去；窃盗，去。有三不去：有所取，无所归⑮，不去；与更⑯三年丧，不去；前贫贱，后富贵，不去。凡此，圣人所以顺男女之际，重昏姻之始也。

【注释】

①伏：屈，服从。

②三从：即下文所言从父、从夫、从子。

③适：嫁。

④自遂：自专，自作主张。

⑤馈（kuì）食：供奉酒食。

⑥及日：整日，终日。

⑦擅（shàn）：任意。

⑧行无独成：行为不独立于男子。

⑨参知：禀告使知道，引申为众人皆知。

⑩庭：中庭。

⑪取：同"娶"。

⑫刑人：犯法的人，受刑的人。

⑬长子：此处指长女。

⑭去：休妻，并令其回娘家。

⑮有所取，无所归：将女子娶进家门时，女子有父亲有兄长，受过良好的妇德教育，而休妻时，女子的父亲与兄长已经去世，女子再无依靠。

⑯与更（yù gēng）：参与经历。

长幼之序

【原文】

孟子曰：孩提①之童，无不知爱其亲也；及其长也，无不知敬其兄也。

【注释】

①孩提：指幼童。

【原文】

徐行①后长者谓之弟。疾行先长者谓之不弟。

【注释】

①徐行：慢走。

【原文】

《曲礼》曰：见父之执①，不谓之进不敢进，不谓之退不敢退，不问不敢对。

【注释】

①父之执：父亲的朋友。执，好友，至交。

【原文】

年长以倍①则父事之②，十年以长则兄事之，五年以长则肩随③之。

【注释】

①年长以倍：大二十岁。

②父事之：以侍奉父亲的礼节来侍奉他。

③肩随：并行而稍稍落后一点。

【原文】

谋于长者，必操①几②杖以从之。长者问，不辞让③而对，非礼也。

【注释】

①操：持，拿。

②几（jī）：几案，可供人凭靠。

③辞让：推辞，谦让。

【原文】

从①于先生，不越路②而与人言。遭③先生于道，趋而进，正立拱手。先生与之言则对，不与之言则趋而退。从长者而上丘陵，则必乡④长者所视。

【注释】

①从：跟随。

②越路：离开原路而走到路旁去。

③遭：遇到，碰到。

④乡（xiàng）：通"向"，面向，朝向。

【原文】

长者与之提携①，则两手奉②长者之手。负剑辟咡③诏之，则掩口而对。

【注释】

①提携：牵手，扶持而行。

②奉（pěng）：通"捧"，捧着。

③辟咡（èr）：侧着头在耳边说话。辟，偏，侧。

【原文】

凡为长者粪①之礼，必加帚①于箕②上，以袂③拘④而退，其尘不及长者，以箕自乡而扱⑤之。

【注释】

①帚：扫帚。

②箕（jī）：盛东西的用具，此处引申为清除垃圾的用具。

③袂（mèi）：衣袖。

④拘：遮，障。

⑤扱（xī）：收取。

【原文】

将即①席，容毋怍②。两手抠衣③，去齐④尺。衣毋拨，足毋蹶⑤。先生书策、琴瑟在前，坐而迁之，戒勿越。坐必安，执尔颜⑥。长者不及⑦，毋儳言⑧。正尔容，听必恭，毋剿说⑨，毋雷同⑩。必则古昔，称先王。

【注释】

①即：靠近，就。

②怍（zuò）：因惭愧脸色有所改变。

③抠（kōu）衣：提起衣裳。

④齐（zī）：衣服的下摆。

⑤蹶（jué）：疾行，疾走。

⑥执尔颜：使你的脸色保持正常。

⑦不及：没有说到，没有提及。

⑧儳（chán）言：别人的话未讲完，就从中插话。

⑨剿（chāo）说：照搬别人的话当作自己的话。

⑩雷同：附和别人的话。

【原文】

侍坐①于先生，先生问焉，终则对。请业②则起，请益③则起。

【注释】

①侍坐：陪伴尊者或长者坐。

②请业：请教学业上的问题。

③请益：继续问未尽的问题。

【原文】

尊客之前不叱①狗，让食不唾②。侍坐于君子，君子欠伸③，撰④杖屦，视日蚤莫⑤，侍坐者请出矣。

【注释】

①叱（chì）：呵斥。

②唾（tuò）：吐口水。

③欠伸：打哈欠，伸懒腰。

④撰（zhuàn）：持，拿，转动。

⑤蚤莫（zǎo mù）：早晚。蚤，通"早"。莫，通"暮"。

【原文】

　　侍坐于君子，君子问更端①，则起而对。

【注释】

　　①更端：更易事端，指别的事。

【原文】

　　侍坐于君子，若有告者曰："少间①，愿有复也。"则
左右②屏③而待。

【注释】

　　①少间：稍有空隙，等一会儿。

　　②左右：身边的人。

　　③屏（bǐng）：退避。

【原文】

　　长者赐，少者、贱者①不敢辞。

【注释】

　　①贱者：仆隶之类的人。

【原文】

御①同于长者，虽贰②不辞。偶坐③不辞。

【注释】

①御：侍奉。

②贰：这里表示丰盛的宴席。

③偶坐：陪坐，配坐。

【原文】

侍于君子，不顾望①而对，非礼也。

【注释】

①顾望：观望，看周围。

【原文】

《少仪》曰：尊长于己逾等①，不敢问其年。燕见②不将命③。遇于道，见则面④。不请所之⑤。侍坐，弗使不执⑥琴瑟。不画地，手无容⑦，不翣⑧也。寝则坐而将命。侍射则约矢⑨，侍投则拥矢⑩。胜则洗⑪而以请⑫。

【注释】

①逾（yú）等：超过一个等级，此处指长辈。

②燕见：私访，私下见面。

③将命：传命，传达主人和客人的话。

④见则面：长辈愿意见面，才能去见。

⑤不请所之：不问长者到什么地方去。

⑥执：拿起。

⑦手无容：不玩弄手指。

⑧翣（shà）：扇扇子。

⑨约矢：每次拿好规定的四支箭。

⑩拥矢：抱着四支箭。

⑪洗：洗好饮酒的用具。

⑫请：邀请长者饮酒。

【原文】

《王制》曰：父之齿①随行，兄之齿雁行②，朋友不相逾③。轻任④并⑤，重任分，斑白⑥者不提挈⑦。君子耆老⑧不徒行⑨，庶人耆老不徒食⑩。

【注释】

①齿：年齿，年龄。

②雁行：并列而稍后行走。

③逾：超越，越过。

④任：负担，背着。

⑤并：全部。

⑥斑白：头发黑白间杂，指年老者。

⑦提挈（qiè）：提拿东西。

⑧耆（qí）老：古代六十岁叫耆，七十岁叫老。

⑨徒行：徒步行走。

⑩徒食：只吃白饭而不吃肉。

【原文】

《论语》曰：乡人饮酒，杖者^①出，斯^②出矣。

【注释】

①杖者：拄拐杖的人，代指年老者。

②斯：才，于是。

朋友之交

【原文】

曾子曰：君子以文会友，以友辅^①仁。

【注释】

①辅：帮助。

【原文】

孔子曰：朋友切切^①偲偲^②，兄弟怡怡^③。

【注释】

①切切：恳切。

②偲偲（sī sī）：互相勉励规劝的样子。

③怡怡（yí yí）：和悦，和顺。

【原文】

　　孟子曰：责善①，朋友之道也。

【注释】

　　①责善：劝勉为善。责，劝勉，要求。

【原文】

　　子贡①问友，子曰："忠告而善道②之，不可则止③，毋自辱④焉。"

【注释】

　　①子贡：端木赐，字子贡，春秋时卫国人，孔子弟子。

　　②善道（dǎo）：以委婉的方式引导。道，通"导"，引导。

　　③止：终止，停止。

　　④自辱：自讨侮辱，自讨没趣。

【原文】

　　益者三友，损①者三友。友直、友谅②、友多闻，益矣；友便辟③、友善柔④、友便佞⑤，损矣。

【注释】

　　①损：伤害，有害。

②谅：诚信，诚实。

③便（pián）辟：精通礼仪而不正直，善于逢迎谄媚。

④善柔：善于谄媚而不守信。

⑤便（pián）佞：善于言辞却缺乏见识。

【原文】

孟子曰：不挟①长，不挟贵，不挟兄弟而友。友也者，友其德也，不可以有挟也。

【注释】

①挟（xié）：倚仗，恃以自重。

【原文】

《曲礼》曰：君子不尽人之欢①，不竭人之忠②，以全③交也。

【注释】

①欢：指别人对我有好感。

②忠：指别人对我尽心。

③全：保全。

【原文】

主人不问，客不先举①。

①举：说话。

通论

【原文】

孔子曰：君子之事亲孝，故忠可移于君；事兄弟^①，故顺^②可移于长；居家理，故治可移于官。是以行成于内^③，而名立于后世矣。

【注释】

①弟（tì）：通"悌"，弟顺从兄。

②顺：顺从，依照。

③内：家里。

【原文】

《礼记》曰：事亲有隐^①而无犯^②，左右^③就养^④无方^⑤，服勤^⑥至死，致丧^⑦三年。事君有犯而无隐，左右就养有方，服勤至死，方丧^⑧三年。事师无犯无隐，左右就养无方，服勤至死，心丧^⑨三年。

【注释】

①隐：微言劝谏，规劝。

②犯：冒犯，犯颜直谏，冒尊长之威严而规劝。

③左右：在身旁。

④就养：奉养，伺候。

⑤无方：没有局限。

⑥服勤：尽心侍奉。

⑦致丧：极尽悲伤之情处理丧事。

⑧方丧：如同亲丧一样。方，如同。

⑨心丧：心有哀痛之情，但不穿丧服。

【原文】

晏子^①曰：君令^②臣共^③，父慈子孝，兄爱弟敬，夫和妻柔，姑^④慈妇^⑤听，礼也。君令而不违，臣共而不二，父慈而教，子孝而箴^⑥，兄爱而友，弟敬而顺，夫和而义，妻柔而正，姑慈而从，妇听而婉^⑦，礼之善物^⑧也。

【注释】

①晏子：姓晏，名婴，字仲，谥平，后多称之为平仲，春秋时齐国大夫，著名的政治家、思想家、外交家。

②君令：君王发布命令。

③共：通"恭"，恭敬。

④姑：婆婆。

⑤妇：媳妇。

⑥箴（zhēn）：规谏，劝诫。

⑦婉：和顺，柔顺。

⑧善物：美好的事。

【原文】

曾子曰：亲戚^①不说^②，不敢外交^③；近者不亲，不敢求远^④；小者不审，不敢言大。故人之生也，百岁之中，有疾病焉，有老幼焉，故君子思其不可复者^⑤而先施焉。亲戚既没，虽欲孝，谁为孝^⑥？年既耆艾^⑦，虽欲悌，谁为悌？故孝有不及，悌有不时^⑧，其斯之谓欤。

【注释】

①亲戚：父母和兄长。

②说（yuè）：通"悦"，高兴。

③外交：与家以外的人交往。

④求远：与外人密切交往。

⑤不可复者：无法返回的。

⑥谁为孝：孝敬谁。

⑦耆（qí）艾：年迈，年老。

⑧不时：没有机会。

【原文】

官怠于宦成^①，病加于小愈^②，祸生于懈惰^③，孝衰于妻子。察此四者，慎终如始。《诗》云："靡^④不有初，鲜^⑤克^⑥有终。"

【注释】

①宦（huàn）成：官居高位，做大官。

【原文】

曾子曰：亲戚[1]不说[2]，不敢外交[3]；近者不亲，不敢求远[4]；小者不审，不敢言大。故人之生也，百岁之中，有疾病焉，有老幼焉，故君子思其不可复者[5]而先施焉。亲戚既没，虽欲孝，谁为孝[6]？年既耆艾[7]，虽欲悌，谁为悌？故孝有不及，悌有不时[8]，其斯之谓欤。

【注释】

[1]亲戚：父母和兄长。

[2]说（yuè）：通"悦"，高兴。

[3]外交：与家以外的人交往。

[4]求远：与外人密切交往。

[5]不可复者：无法返回的。

[6]谁为孝：孝敬谁。

[7]耆（qí）艾：年迈，年老。

[8]不时：没有机会。

【原文】

官怠于宦成[1]，病加于小愈[2]，祸生于懈惰[3]，孝衰于妻子。察此四者，慎终如始。《诗》云："靡[4]不有初，鲜[5]克[6]有终。"

【注释】

[1]宦（huàn）成：官居高位，做大官。

②小愈：疾病稍好，稍减。

③懈（xiè）惰：松弛，懒惰。

④靡（mǐ）：没有。

⑤鲜（xiǎn）：少。

⑥克：能够。

【原文】

荀子①曰：人有三不祥。幼而不肯事长，贱而不肯事贵，不肖②而不肯事贤，是人之三不祥也。

【注释】

①荀子：荀况，战国时赵国人，著有《荀子》一书。

②不肖：不才，没有才德。

【原文】

无用①之辩，不急之察，弃而不治②。若夫君臣之义，父子之亲，夫妇之别，则日切磋③而不舍④也。

【注释】

①无用：不具实用价值。

②治：治理，钻研。

③切磋（cuō）：相互研讨勉励。

④舍：放弃，停止。

敬身第三

【题解】

所谓"敬身"，即是以恭敬之姿态持守自身。这一部分由"心术""威仪""衣服""饮食"组成，分别讲述端正内心之要、端正外表之则、注重仪容之礼、抑制口欲之规。"心术"与"威仪"是敬身的主旨，"衣服"与"饮食"则用以奉养身体。此四者共同构成修养身心的方方面面。

【原文】

孔子曰："君子无不敬也，敬身为大。身也者，亲之枝也①，敢不敬与？不能敬其身，是伤其亲；伤其亲，是伤其本；伤其本，枝从而亡。"仰②圣模，景贤范，述此篇以训③蒙士。

【注释】

①身也者，亲之枝也：子辈的身体是从父母的根本上长出来的枝节。

②仰：敬仰，仰慕。

③训：教育。

心术之要

【原文】

《丹书》^①曰：敬胜怠者吉，怠胜敬者灭。义^②胜欲者从，欲胜义者凶^③。

【注释】

①《丹书》：书名，撰者不详。记上古三代史事及礼乐制度。

②义：至公的天理。

③凶：灾祸。

【原文】

《曲礼》曰：毋不敬，俨^①若思，安定辞^②，安民哉。敖^③不可长，欲不可从^④，志不可满，乐不可极。贤者狎^⑤而敬之，畏而爱之。爱而知其恶，憎而知其善。积而能散，安安^⑥而能迁。临^⑦财毋苟得，临难毋苟免^⑧，狠^⑨毋求胜，分毋求多。疑事毋质^⑩，直而勿有。

【注释】

①俨（yǎn）：端正，端庄。

②安定辞：所说之语准确且安详。

③敖（ào）：通"傲"，傲慢，骄傲。

④从（zòng）：通"纵"，放纵，放肆。

⑤狎（xiá）：亲近。

⑥安安：安于安乐欢喜的事物。

⑦临：面对。

⑧免：逃避。

⑨狠：争执。

⑩质：证实。

【原文】

孔子曰：非礼①勿视，非礼勿听，非礼勿言，非礼勿动。

【注释】

①非礼：不符合礼仪。

【原文】

出门如见大宾①，使民如承大祭②。己所不欲，勿施于人。

【注释】

①大宾：尊贵的宾客。

②大祭：重大的祭祀活动。

【原文】

居处^①恭，执事敬，与人忠，虽之夷狄^②，不可弃也。

【注释】

①居处：平时处世。

②夷狄：古时对少数民族的称呼。

【原文】

言忠信，行笃^①敬，虽蛮貊^②之邦行矣。言不忠信，行不笃敬，虽州里^③行乎哉？

【注释】

①笃（dǔ）：厚实，厚重。

②蛮貊（mò）：蛮指南方的少数民族。貊指北方的少数民族。

③州里：此处指家乡。

【原文】

君子有九思：视思明，听思聪，色思温，貌思恭，言思忠，事思敬，疑思问，忿^①思难^②，见得^③思义。

【注释】

①忿（fèn）：动怒，发怒。

②难（nàn）：灾祸，祸患。

③见得：面对所得利益。

【原文】

　　曾子曰：君子所贵^①乎道者三：动容貌，斯远暴慢^②矣；正颜色，斯近信矣；出辞气^③，斯远鄙^④倍^⑤矣。

【注释】

　　①贵：重视，看重。

　　②暴慢：粗暴放肆。

　　③辞气：语言，语气。

　　④鄙：鄙陋低俗。

　　⑤倍：通"背"，违背。

【原文】

　　《曲礼》曰：礼不逾节^①，不侵侮^②，不好狎^③，修身践言^④，谓之善行。

【注释】

　　①逾节：跨越等级界限。

　　②侵侮（wǔ）：侵犯欺侮。

　　③好狎：亲昵而显得不庄重。

　　④践言：履行诺言。

【原文】

《乐记》曰：君子奸声①乱色②，不留聪明③；淫乐慝礼④，不接心术⑤；惰慢邪辟⑥之气，不设于身体。使耳目鼻口心知⑦百体⑧，皆由顺正，以行其义。

【注释】

①奸声：奸邪之声。

②乱色：秽乱之色。

③聪明：耳目。

④慝（tè）礼：违背礼仪的举动。

⑤心术：心灵，内心。

⑥邪辟（pì）：邪恶乖僻。辟，通"僻"，乖僻。

⑦心知（zhì）：心思智慧。知，通"智"，智慧。

⑧百体：身体的各个部分。

【原文】

孔子曰：君子食无求饱，居无求安。敏①于事而慎于言，就有道②而正③焉。可谓好学也已。

【注释】

①敏：勤快，勤勉。

②有道：遵行礼法之人。

③正：请求纠正，指教。

【原文】

管敬仲①曰：畏威②如疾，民之上也。从怀③如流④，民之下也。见怀思威，民之中也。

【注释】

①管敬仲：管夷吾，字仲，春秋时齐国人。

②威：刑法。

③怀：贪欲，欲望。

④流：水由上往下流。

威仪之则

【原文】

《冠义》曰：凡人之所以为人者，礼义①也。礼义之始，在于正容体②，齐颜色③，顺辞令④。容体正，颜色齐，辞令顺，而后礼义备⑤，以正君臣，亲父子，和长幼。君臣正，父子亲，长幼和，而后礼义立⑥。

【注释】

①礼义：礼仪法则。

②正容体：使容貌姿态端正。

③齐颜色：使脸色表情恰当。

④顺辞令：使言语和顺谦逊。

⑤备：齐备，具备。

⑥立：确立。

【原文】

《曲礼》曰：毋侧听^①，毋噭应^②，毋淫视^③，毋怠荒^④。游毋倨^⑤，立毋跛^⑥，坐毋箕^⑦，寝毋伏。敛发毋髢^⑧，冠毋免^⑨。劳毋袒^⑩，暑毋褰裳^⑪。

【注释】

①侧听：侧耳探听，偷听。

②噭（jiào）应：高声答应。

③淫视：目光四处游动，不正视。

④怠（dài）荒：举止形态怠惰放纵。

⑤倨（jù）：傲慢无礼。

⑥跛（bǒ）：站立不稳，身体偏于一侧。

⑦箕（jī）：这里指箕坐，展开两足如箕形那样坐着。

⑧髢（dí）：头发散落垂下。

⑨免：脱下，摘下。

⑩袒（tǎn）：敞开衣服，露出身体。

⑪褰（qiān）裳：用手提起衣裳。

【原文】

登城不指^①，城上不呼^②。将适舍^③，求无固^④。将上堂，声必扬。户外有二屦^⑤，言闻则入，言不闻则不入。

将入户⑥，视必下。入户奉扃⑦，视瞻⑧毋回。户开亦开，户阖⑨亦阖。有后入者，阖而勿遂⑩。毋践屦，毋踏⑪席，抠衣⑫趋隅⑬，必慎唯诺⑭。

【注释】

①不指：不指指点点。

②不呼：不高声呼叫。

③适舍：到主人家里。

④固：固执，坚决。

⑤屦（jù）：鞋子。

⑥户：单扇的门。

⑦扃（jiōng）：门栓。

⑧视瞻（zhān）：看。

⑨阖（hé）：关闭。

⑩遂：关门。

⑪踏（jí）：越过，跨过。

⑫抠（kōu）衣：提起衣裳。

⑬趋隅（yú）：快步走至席子一角。

⑭唯诺：应答。

【原文】

《礼记》曰：君子之容舒迟①，见所尊者齐遫②。足容重，手容恭，目容端，口容止③，声容静④，头容直，气容肃，立容德，色容庄。

【注释】

①舒迟：舒缓迟顿。

②齐（zhāi）遬（sù）：谨饬而不放肆。

③止：不妄自言笑。

④静：不咳嗽吐痰。

【原文】

《曲礼》曰：坐如尸①，立如齐②。

【注释】

①尸：古代祭祀时，祭祀之人代替受祭之人，尸居神位，必须庄重矜持。

②齐（zhāi）：通"斋"，祭祀时，祭者的态度必须恭敬。

【原文】

《少仪》曰：不窥密①，不旁狎，不道旧故②，不戏色。毋拔③来，毋报④往。毋渎⑤神，毋循枉⑥，毋测未至⑦。毋訾⑧衣服成器，毋身质言语⑨。

【注释】

①窥密：窥探他人隐秘之事。

②不道旧故：不随意谈论朋友的过失。

③拔：迅速，迅疾。

④报（fù）：通"赴"，急速。

⑤渎（dú）：亵渎辱慢。

⑥枉：过错，过失。

⑦测未至：妄自预测未来之事。

⑧訾（zǐ）：非议，诽谤。

⑨言语：毫无根据的流言。

【原文】

《论语》曰：车中，不内顾①，不疾言，不亲指②。

【注释】

①内顾：回头张望。

②亲指：随意乱指。

【原文】

《曲礼》曰：凡视，上于面则敖①，下于带则忧，倾则奸②。

【注释】

①敖（áo）：通"傲"，详见《敬身第三》"敖不可长"。

②奸：心术不正。

【原文】

《论语》曰：孔子于乡党①，恂恂②如也，似不能言者。其在宗庙③朝廷④，便便⑤言，唯谨⑥尔。朝与下大夫言，侃侃⑦如也。与上大夫言，訚訚⑧如也。

【注释】

①乡党：此处指家乡。

②恂恂（xún xún）：温顺恭敬的样子。

③宗庙：古代君主、诸侯祭祀祖先的庙宇。

④朝廷：古代君主接受朝见、处理政务的地方。

⑤便便（pián pián）：善于言辞，明辨是非。

⑥谨：谨慎而不放肆。

⑦侃侃（kǎn kǎn）：说话时刚正和乐的样子。

⑧訚訚（yín yín）：说话时和乐且明辨是非的样子。

【原文】

孔子食不语，寝①不言。

【注释】

①寝：睡，卧。

【原文】

《士相见礼》曰：与君言，言使臣。与大人①言，言事君。与老者言，言使弟子。与幼者言，言孝弟于父兄。与众言，言忠信慈祥。与居官者②言，言忠信。

【注释】

①大人：指卿大夫。

②居官者：士及庶人中担任官职的人。

【原文】

《论语》曰：席^①不正不坐。

【注释】

①席：座席。

【原文】

子见齐衰^①者，虽狎必变^②；见冕者^③与瞽者^④，虽亵^⑤必以貌^⑥。凶服^⑦者式之，式负版者^⑧。

【注释】

①齐衰（zī cuī）：孝服，丧服。

②变：脸色改变。

③冕（miǎn）者：头戴礼帽之人。古时天子、诸侯和卿大夫皆戴礼帽。

④瞽（gǔ）者：盲人。

⑤亵（xiè）：熟悉。

⑥貌：指合乎礼仪的仪容。

⑦凶服：丧服。

⑧式负版者：手扶车前横木向背负国家图籍的人行礼。式，通"轼"，车前用于扶手的横木。此处指尊重长者或地位高的人的一种礼节。

【原文】

《论语》曰：寝不尸①，居不容②。

【注释】

①尸：仰面而躺，如同尸体一样。

②居不容：居家时，不必把精力放在自己的仪容仪表上。

【原文】

子之燕居①，申申②如也，夭夭③如也。

【注释】

①燕居：闲居，退朝而居。

②申申：容貌舒展和乐。

③夭夭：脸上有欢愉之色。

【原文】

《曲礼》曰：并坐①不横肱②，授立不跪，授坐不立。

【注释】

①并坐：并排而坐。

②肱（gōng）：手臂，胳膊。

【原文】

入国①不驰②，入里③必式④。

【注释】

①国：国都。

②驰：骑马或乘车奔驰。

③里：里巷。

④式：通"轼"，详见"式负版者"注释。

【原文】

《少仪》曰：执虚①如执盈②，入虚③如有人。

【注释】

①虚：空的器具。

②盈：装满东西的器具。

③虚：空房间。

衣服之制

【原文】

《士冠礼》：始加①，祝曰："令月②吉日，始加元服③。弃尔幼志④，顺尔成德⑤，寿考⑥维祺⑦，介⑧尔景福。"再加⑨，曰："吉月令辰，乃申⑩尔服。敬尔威仪，淑⑪慎尔德。眉寿⑫万年，永受胡⑬福。"三加⑭，曰："以岁之正，以月之令，咸加尔服。兄弟具在，以成厥德⑮。黄耇⑯无疆，受天之庆。"

【注释】

①始加：第一次加缁布冠。

②令月：吉月。

③元服：指冠。古时称行冠礼为加元服。元，首、头。

④幼志：幼年时幼稚嬉戏之心。

⑤顺尔成德：谨慎修养你长大成人的美德。

⑥寿考：长寿。

⑦维祺：美好，吉祥。

⑧介：大。

⑨再加：第二次加皮弁。

⑩申：重。

⑪淑：美好，贤淑。

⑫眉寿：长寿。

⑬胡：无穷，无限。

⑭三加：第三次加爵弁。

⑮厥（jué）德：此处指长大成人的美德。

⑯黄耇（gǒu）：年老长寿者。

【原文】

《曲礼》曰：为人子者，父母存，冠衣不纯①素②，孤子③当室④，冠衣不纯采⑤。

【注释】

①纯（zhǔn）：指头冠和衣服的镶边。

②素：白。

③孤子：古时三十岁以下无父之人称为孤。

④当室：主持家事。

⑤采：彩色。

【原文】

《礼记》曰：童子不裘①，不帛②，不屦绚③。

【注释】

①不裘：不穿裘皮大衣。

②不帛：不穿丝帛质地的衣服。

③不屦绚（jù qú）：不穿鞋头有装饰的鞋子。

【原文】

孔子曰：士志于道①而耻恶衣恶食②者，未足与议也。

【注释】

①志于道：立志追求圣贤之道。

②恶衣恶食：穿不好，吃不好。

饮食之节

【原文】

《曲礼》曰：共食不饱，共饭^①不泽手^②。毋抟饭^③，毋放^④饭，毋流歠^⑤。毋咤^⑥食，毋啮^⑦骨，毋反鱼肉，毋投与狗骨，毋固获^⑧，毋扬饭^⑨。饭黍毋以箸。毋嚃^⑩羹，毋絮羹^⑪，毋刺齿^⑫，毋歠醢^⑬。客絮羹，主人辞不能亨。客歠醢，主人辞以窭^⑭。濡^⑮肉齿决，干肉不齿决^⑯。毋嘬^⑰炙^⑱。

【注释】

①共饭：吃饭时用同一个食器取饭。

②泽手：搓手。因古时吃饭不用筷子，而是用手抓，所以搓手会让人有种不洁净之感。

③抟（tuán）饭：将饭捏成饭团。

④放：毫无节制。

⑤流歠（chuò）：开口大饮。

⑥咤（zhà）：吃饭时口中发出声音。

⑦啮（niè）：啃，咬。

⑧固获：只取一种固定的食物。

⑨扬饭：挥手扬去饭的热气。

⑩嚃（tà）：不细细嚼，如囫囵吞枣那样咽下。

⑪絮羹：在羹汤里加调味品重新调味。

⑫刺齿：剔牙。

⑬醢（hǎi）：肉酱。

⑭窭（jù）：简陋，贫寒。

⑮濡（rú）：湿润，浸润。

⑯不齿决：不用牙齿咬断，而是用两手撕开。

⑰嘬（zuō）：一口吞下。

⑱炙（zhì）：烤肉。

【原文】

《少仪》曰：侍燕①食于君子，则先饭②而后己③。毋放饭④，毋流歠，小饭⑤而亟⑥之。数噍⑦，毋为口容⑧。

【注释】

①燕：通"宴"，宴饮，宴席。

②先饭：先替君子尝饭。

③后己：君子吃完饭以后，自己才能吃。

④放饭：毫无节制地吃。

⑤小饭：小口地吃饭。

⑥亟（jí）：快速下咽。

⑦噍（jiào）：咀嚼。

⑧口容：进食时口的形状，如鼓腮、咂嘴等。

【原文】

《礼记》曰：君无故^①不杀牛，大夫无故不杀羊，士无故不杀犬豕^②。君子远庖^③厨^④。凡有血气^⑤之类，弗身^⑥践^⑦也。

【注释】

①无故：此处指不接待宾客，没有祭祀活动。

②豕（shǐ）：猪。

③庖（páo）：宰杀动物的场所。

④厨：烹饪的场所。

⑤血气：此处指动物。

⑥身：亲自，躬身。

⑦践：宰杀。

【原文】

《乐记》曰：豢豕^①为酒^②，非以为祸也，而狱讼^③益繁，则酒之流^④生祸也。是故先王因为酒礼^⑤，一献^⑥之礼，宾主百拜，终日饮酒而不得醉焉，此先王之所以备酒祸也。

【注释】

①豢豕（huàn shǐ）：养猪。

②为酒：酿酒。

③狱讼：讼案，讼事。

④流：过分，过度。

⑤因为酒礼：于是制定了饮酒的礼仪。

⑥一献：古时祭祀或宴饮时进酒一次，就是一献。

【原文】

孟子曰：饮食之人^①则人贱^②之矣，为其养小^③以失大^④也。

【注释】

①饮食之人：享受口腹之欲的人。

②贱：看轻，看不起。

③小：此处指口腹。

④大：此处指心志，志气。

稽古第四

【题解】

所谓"稽古"，即考察古代事迹。这部分考察了虞朝、夏朝、商朝、周朝圣贤的事迹，以此来充实和证明"立教""明伦""敬身"中所说的道理。

【原文】

孟子道性善^①，言必称尧、舜^②。其言曰："舜为法于天下，可传于后世。我犹未免为乡人^③也，是^④则可忧也。忧之如何？如舜而已矣^⑤。"摭往行^⑥，实^⑦前言^⑧，述此篇使读者有所兴起。

【注释】

①性善：人之本性是美好的。

②尧、舜：传说中远古时代两位圣贤的帝王。

③乡人：平常人。

④是：这。

⑤而已矣：罢了。语气助词。

⑥摭（zhí）往行：选取先贤的德行。

⑦实：充实，证实。

⑧前言：先人的言论。

立教

【原文】

太任，文王①之母，挚②任氏之中女③也，王季④娶以为妃⑤。太任之性，端一诚庄⑥，惟德之行。及其娠⑦文王，目不视恶色⑧，耳不听淫声，口不出敖⑨言。生文王而明圣⑩，太任教之以一而识百，卒为周宗⑪。君子谓太任为能胎教⑫。

【注释】

①文王：周文王，姓姬名昌，西周的奠基者。

②挚：国名。

③中女：次女。

④王季：亦称季历，周文王的父亲。

⑤妃：此处引申为太子、王侯之妻。

⑥诚庄：真诚庄重。

⑦娠（shēn）：怀孕。

⑧恶色：邪恶之事。

⑨敖：通"傲"，详见《敬身之三》"敖不可长"。

⑩明圣：明达圣哲。

⑪周宗：周朝接受天命的君主，即开国君主。

⑫胎教：孕妇言行谨慎，给胎儿以良好的影响。

【原文】

　　孟轲之母，其舍近墓。孟子之少也，嬉戏为墓间之事①，踊跃②筑埋③。孟母曰："此非所以居子④也。"乃去。舍市⑤，其嬉戏为贾衒⑥。孟母曰："此非所以居子也。"乃徙⑦。舍学宫⑧之旁，其嬉戏乃设俎豆⑨，揖让进退。孟母曰："此真可以居子矣。"遂居之。孟子幼时问东家杀猪何为，母曰："欲啖⑩汝。"既而⑪悔曰："吾闻古有胎教，今适有知⑫而欺之，是教之不信。"乃买猪肉以食之。既长就学⑬，遂成大儒⑭。

【注释】

①墓间之事：办理丧事。

②踊跃：跳跃着号啕大哭。

③筑埋：筑造坟墓埋葬。

④居子：让孩子居住的地方。

⑤舍市：所住之地靠近集市。

⑥贾衒（gǔ xuàn）：做生意，做买卖。贾指坐商。衒指沿街叫卖的小贩。

⑦徙（xǐ）：迁走，迁移。

⑧学宫：学校。

⑨俎（zǔ）豆：宴会、祭祀时所用的礼器。俎用来盛肉，豆用来盛食物。

⑩啖（dàn）：吃或给人吃。

⑪既而：不一会儿。

⑫适有知：刚刚知道的事情。

⑬就学：从师学习。

⑭大儒：儒家大师。

【原文】

孔子尝独立①，鲤②趋而过庭，曰："学《诗》乎？"对曰："未也。""不学《诗》，无以言。"鲤退而学《诗》。他日又独立，鲤趋而过庭，曰："学《礼》乎？"对曰："未也。""不学《礼》，无以立。"鲤退而学《礼》。

【注释】

①独立：独自一人站立。

②鲤：孔鲤，字伯鱼，孔子之子。

【原文】

孔子谓伯鱼①曰："女②为③《周南》《召南》矣乎？人而不为《周南》《召南》，其犹正墙面而立④也与！"

【注释】

①伯鱼：孔鲤，孔子之子。

②女（rǔ）：通"汝"，你。

③为：学习。

④正墙面而立：面对墙壁站立。

明伦

【原文】

文王有疾，武王①不说②冠带而养。文王一饭，亦一饭；文王再饭，亦再饭③。

【注释】

①武王：周武王，姓姬名发，西周王朝的建立者。

②说（tuō）：通"脱"，脱掉。

③一饭、再饭：按照礼节，尊者进食后自己才可进食，尊者吃饱后自己才能吃饱。

【原文】

孔子曰：武王、周公①，其达孝②矣乎！夫孝者，善继人之志，善述③人之事者也。践其位，行其礼，奏其乐，敬其所尊，爱其所亲，事死如事生，事亡如事存，孝之至也。

【注释】

①周公：姓姬名旦，周文王之子。

②达孝：大家公认的孝子。

③述：遵循一定的法则去做。

【原文】

孟子曰：曾子养曾皙^①，必有酒肉。将彻^②，必请所与^③。问有余，必曰"有"。曾皙死，曾元^④养曾子，必有酒肉。将彻，不请所与。问有余，曰"亡矣^⑤"。将以复进^⑥也。此所谓养口体^⑦者也。若曾子，则可谓养志^⑧也。事亲若曾子者，可也。

【注释】

①曾皙：曾点，字皙，春秋时鲁国人，孔子弟子，曾参之父。

②彻：撤下，离开。

③所与：给谁。

④曾元：曾参之子。

⑤亡（wú）矣：没有了。亡，通"无"。

⑥复进：再一次进用。

⑦口体：口和身体。

⑧养志：赡养父母时能顺从其心意。

【原文】

老莱子^①孝奉二亲，行年^②七十，作婴儿戏，身着五色斑斓^③之衣。尝取水上堂，诈^④跌仆^⑤卧地，为小儿啼。弄雏^⑥于亲侧，欲亲之喜。

【注释】

①老莱子：春秋时期楚国人。

②行年：历经的年岁，引申为年龄。

③斑斓：色彩丰富错杂。

④诈（zhà）：假装。

⑤仆（pū）：向前跌倒。

⑥雏（chú）：幼鸟。

【原文】

伯俞①有过，其母笞②之，泣。其母曰："他日笞，子未尝泣。今泣，何也？"对曰："俞得罪③，笞常痛。今母之力不能使痛，是以泣。"故曰：父母怒之，不作于意④，不见于色⑤，深受其罪⑥，使可哀怜，上⑦也。父母怒之，不作于意，不见于色，其次⑧也。父母怒之，作于意，见于色，下⑨也。

【注释】

①伯俞：韩伯俞，以孝为德。

②笞（chī）：用鞭、竹板之类的东西抽打。

③得罪：犯过错。

④不作于意：不耿耿于怀。

⑤不见（xiàn）于色：脸上不表现出愤恨之色。

⑥深受其罪：因为有过错而甘愿接受惩罚。

⑦上：最好的，上等。

⑧次：第二，中等。

⑨下：最差的，下等。

【原文】

公明宣①学于曾子，三年不读书。曾子曰："宣而居参②之门，三年不学，何也？"公明宣曰："安③敢不学？宣见夫子居庭④，亲在⑤，叱咤⑥之声未尝至于犬马。宣说⑦之，学而未能。宣见夫子之应宾客，恭俭⑧而不懈惰。宣说之，学而未能。宣见夫子之居朝廷，严临下⑨而不毁伤。宣说之，学而未能。宣说此三者，学而未能。宣安敢不学而居夫子⑩之门乎？"

【注释】

①公明宣：姓公明，名为宣，春秋时期鲁国人。曾子学生。

②参：曾参。

③安：怎么，哪里。

④庭：家里。

⑤亲在：如若双亲在。

⑥叱咤（chì zhà）：大声呵斥。

⑦说（yuè）：通"悦"，喜欢。

⑧恭俭：恭敬节俭。

⑨临下：对待下属。

⑩夫子：老师。

【原文】

颜丁①善居丧：始死，皇皇②焉如有求而弗得。既

殡^③，望望^④焉如有从而弗及。既葬，慨然^⑤如不及其反
而息。

【注释】

①颜丁：春秋时鲁国人。

②皇皇：彷徨不安。皇，通"惶"。

③殡（bìn）：停枢以待下葬。

④望望：瞻望依恋。

⑤慨然：惆怅感慨。

【原文】

曾子有疾，召门弟子^①曰："启予足！启予手！《诗》
云：'战战兢兢^②，如临深渊，如履^③薄冰。'而今而后，吾
知免夫^④！小子^⑤！"

【注释】

①门弟子：学生。

②战战兢兢（jīng jīng）：谨慎且畏惧。

③履：行走，踩踏。

④免夫（fú）：避免，防止。

⑤小子：学生，弟子。

【原文】

武王伐纣，伯夷、叔齐^①叩马^②而谏。左右欲兵^③之。太

公^④曰：“此义人也。”扶而去之^⑤。武王已平殷乱，天下宗周^⑥，而伯夷、叔齐耻之，义不食周粟^⑦，隐于首阳山，采薇^⑧而食之，遂饿而死。

【注释】

①伯夷、叔齐：商朝孤竹国国君的两个儿子。

②叩马：拦在马前。

③兵：用兵器杀。

④太公：姓姜，吕氏，名尚，字五牙，亦称吕望。西周的开国元勋。

⑤扶而去之：下令将两人架到一侧。

⑥天下宗周：各个小国都承认周天子是普天下共同的君主。

⑦义不食周粟：坚守内心深处的道义，坚决不吃周朝施舍的粮食。

⑧薇：一种野菜名。

【原文】

王孙贾^①事齐闵王^②，王出走，贾失王之处^③。其母曰：“女^④朝去而晚来，则吾倚门而望。女莫出而不还，则吾倚^⑤闾^⑥而望。女今事王，王出走，女不知其处，女尚何归？”王孙贾乃入市中，曰：“淖齿^⑦乱齐国，杀闵王。欲与我诛齿者，袒右^⑧。”市人从之者四百人，与诛淖齿，刺而杀之。

①王孙贾（gǔ）：姓王孙，名贾，齐国大夫。

②齐闵王：齐国国君，齐宣王之子。

③失王之处：不知道齐闵王逃到哪里去了。

④女（rǔ）：通"汝"，你。

⑤倚（yǐ）：靠。

⑥闾（lú）：里巷。

⑦淖（zhuō）齿：楚国人，曾奉楚王之命率军救齐国，齐闵王任命淖齿为齐相，而淖齿伺机杀掉了齐闵王。

⑧袒（tǎn）右：脱掉右袖，露出右臂。

【原文】

臼季①使，过冀，见冀缺②耨③，其妻馌④之，敬，相待如宾。与之归，言诸文公⑤，曰："敬，德之聚也。能敬必有德。德以治民，君请用之。臣闻出门如宾⑥，承事如祭⑦，仁之则也。"文公以为⑧下军大夫⑨。

【注释】

①臼（jiù）季：名胥臣。

②冀缺：即郤缺。冀，国名，后为晋国所灭，成为郤缺的食邑。

③耨（nòu）：除草耕田。

④馌（yè）：提着做好的饭给田间耕作的人送去。

⑤文公：晋文公，晋国君主。

⑥出门如宾：出去办事像接待宾客那样谨慎认真。

⑦承事如祭：承担事务像参加祭祀那样虔诚恭敬。

⑧以为：以之为，此处引申为任用余缺。

⑨下军大夫：官职名。

【原文】

　　虞、芮①之君相与争田，久而不平，乃相谓曰："西伯②，仁人也，盍③往质④焉？"乃相与朝周。入其境，则耕者让畔⑤，行者让路；入其邑，男女异路，斑白⑥者不提挈⑦；入其朝，士让为大夫，大夫让为卿。二国之君感而相谓曰："我等小人，不可以履君子之庭⑧。"乃相让，以其所争田为间田⑨而退。天下闻而归之⑩者四十余国。

【注释】

　　①虞（yú）、芮（ruì）：皆为周朝初期的诸侯国。

　　②西伯：指周文王。

　　③盍（hé）：何不。

　　④质：批判，评断。

　　⑤畔：田地的界限。

　　⑥斑白：指年老者。

　　⑦提挈（qiè）：用手提东西。

　　⑧庭：通"廷"，朝廷。

　　⑨间田：两方边界之间的无主荒地。

⑩归之：使其归顺周朝。

【原文】

曾子曰：以能问于不能，以多问于寡，有若无，实若虚，犯①而不校②。昔者吾友尝从事于斯③矣。

【注释】

①犯：冒犯，侵犯。

②校（jiào）：计较。

③斯：这。

【原文】

孔子曰：晏平仲①善与人交，久而敬之。

【注释】

①晏平仲：即晏婴，字仲，谥平。

敬身

【原文】

孟子曰：伯夷目不视恶色①，耳不听恶声②。

【注释】

①恶色：邪恶之物。

②恶声：奸淫之声。

【原文】

子游①为武城②宰③，子曰："女得人焉尔乎？"曰："有澹台灭明④者，行不由径⑤，非公事未尝至于偃⑥之室也。"

【注释】

①子游：姓言，名偃，字子游，春秋末吴国人，孔子弟子。

②武城：鲁国的城邑。

③宰：长官。

④澹（tán）台灭明：姓澹台，名灭明，字子羽，春秋时鲁国人，孔子弟子。

⑤径：小路。

⑥偃（yǎn）：言偃。

【原文】

子路①无宿诺。

【注释】

①子路：仲由，字子路，又字季路，春秋时鲁国人，"孔门十哲"之一。

【原文】

孔子曰：衣①敝缊②袍与衣狐貉③者立而不耻者，其④由也与！

【注释】

①衣（yì）：穿着。

②缊（yùn）：乱麻，旧絮。

③狐貉（háo）：用狐皮貉绒做成的裘衣。

④其：大约。

【原文】

孔子曰：贤哉回①也。一箪②食，一瓢饮，在陋巷。人不堪③其忧，回也不改其乐。贤哉回也！

【注释】

①回：颜回，字子渊，春秋末期鲁国人，孔子弟子。

②箪（dān）：盛饭用的竹器。

③不堪：难以忍受。

外篇

【原文】

《诗》曰："天生烝①民，有物有则。民之秉②彝③，好是懿德④。"孔子曰："为此诗者，其知道⑤乎！故有物必有则⑥。民之秉彝也，故好是懿德。"历⑦传记，接⑧见闻，述嘉言⑨，纪善行，为《小学》外篇。

【注释】

①烝（zhēng）：众。

②秉（bǐng）：持着，握着。

③彝（yí）：常道，常性。

④懿（yì）德：美好的品德。

⑤知道：通晓天地之道，人世之理。

⑥故有物必有则：有存在的事物就有相对应的法则。

⑦历：完全，完整。

⑧接：接受，承接。

⑨嘉言：符合法则的言语。

嘉言第五

【题解】

所谓"嘉言"，即指美好的言语。这一部分属于《小学》中的《外篇》，续接了《内篇》中"稽古"的内容，收集自汉朝以来圣贤之人合乎礼仪的言论，用以扩充《内篇》中"立教""明伦""敬身"所阐述的道理。需要说明的是，"嘉言"这一篇中所列的圣贤之语，并不是按时代的先后进行排列的。

广立教

【原文】

横渠张先生①曰：教小儿，先要安详恭敬。今世学②不讲，男女从幼便骄惰③坏了，到长益凶狠。只为未尝为子弟④之事，则于其亲⑤已有物我⑥，不肯屈下。病根⑦常在，又随所居而长，至死只依旧。为子弟则不能安洒扫应对，接⑧朋友则不能下朋友，有官长则不能下⑨官长，为宰相则不能下天下之贤。甚则至于徇⑩私意，义理都丧。也只为病根不去，随所居所接而长。

【注释】

①横渠张先生：张载，字子厚，北宋思想家、教育家，理学创始人之一。

②世学：社会与学校。

③骄惰：为人张扬骄傲，处世怠慢不符合礼节。

④子弟：后辈之人。

⑤亲：父母，双亲。

⑥物我：彼此之分。

⑦病根：疾病之根源。

⑧接：结交。

⑨下：谦虚退让。

⑩徇：顺从，遵循。

【原文】

杨文公①《家训》曰：童稚之学，不止记诵。养其良知②良能③，当以先入之言④为主。日记⑤故事⑥，不拘古今，必先以孝悌、忠信、礼义、廉耻等事，如黄香扇枕⑦、陆绩怀桔⑧、叔敖阴德⑨、子路负米⑩之类，只如俗说，便晓此道理。久久成熟，德性若自然⑪矣。

【注释】

①杨文公：杨亿，字大年，北宋文学家。

②良知：指天生本然，不学而得的，能够判断善恶的经验智慧。

③良能：人生来即具有的才能。

④先入之言：自幼便时常听到的言语。

⑤日记：每天记录。

⑥故事：从前的事例。

⑦黄香扇枕：黄香，字文疆，汉代江夏人，他自幼孝顺，夏天为父亲扇枕，驱走蚊虫，冬天为父亲暖被。

⑧陆绩怀桔：陆绩，字公纪，三国时吴国人。他六岁时到袁术家做客，袁术以橘子招待他，他没有吃，而是将橘子带回家给母亲吃。桔，也作"橘"。

⑨叔敖阴德：指孙叔敖幼年时杀蛇的故事。叔敖，孙叔敖，春秋时楚国人。他年幼时外出见到一条双头蛇，便将蛇打死。回家后，他哭泣起来。母亲问他为何事而哭，他告诉母亲，人们说见到双头蛇的人会死，他便看见了。母亲问他双头蛇在哪里，他回答说因担心别人看见而死，就把双头蛇杀掉埋了。母亲便说，上天会赐福于有阴德的人，他一定不会死去。

⑩子路负米：仲由，字子路，孔子弟子。他自幼家贫，自己吃粗鄙的食物，却到百里之外背回精米给父母吃。

⑪自然：天生，天然。

【原文】

陈忠肃公①曰：幼学之士，先要分别人品之上下，何者是圣贤所为之事，何者是下愚②所为之事。向善背恶③，去彼取此④，此幼学所当先也。颜子、孟子⑤，亚圣也，学之虽未至，亦可为贤人。今学者若能知此，则颜、孟之事，我亦可学。言温而气和，则颜子之不迁⑥，渐可学矣；过而能悔，又不惮⑦改，则颜子之不贰⑧，渐可学矣。知埋髑⑨之戏不如俎豆，念慈母之爱至于三迁，自幼至老，不厌不改⑩，终始一意，则我之不动心亦可以如孟子矣。若夫立志不高，则其学皆常人之事，语⑪及颜、孟，则不敢当也。其心必曰："我为孩童，岂敢学颜、孟哉？"此人不可以语上⑫矣。先生长者见其卑下，岂肯与之语哉！先生长者不肯与之语，则其所与语皆下等人也。言不忠信，下等人也；行不笃敬⑬，下等人也；过而不知悔，下等人也；悔而不知改，下等人也。闻下等之语，为下等之事，譬如坐于房舍之中，四面皆墙壁也，虽欲开明。不可得矣。

【注释】

①陈忠肃公：陈瓘，字莹中，号了翁，谥忠肃，宋延平沙县（今属福建）人。

②下愚：极其愚笨之人。

③向善背恶：亲近善人，远离恶人。

④去彼取此：除掉恶的，选择善的。

⑤颜子、孟子：颜回和孟轲。

⑥不迁：不迁怒于人。

⑦惮（dàn）：忌惮，害怕。

⑧不贰：不犯两次同样的错误。

⑨埋髑（yù）：孟子年幼时居住在坟墓旁边就学习下葬之事，

居住在市场旁边就学习买卖之事。埋，下葬，埋葬。鬻，卖出。

⑩不厌不改：学习从来不自满、自傲，守志从来不改变。

⑪语：谈论。

⑫语（yù）上：告诉他上等的道理、礼仪。

⑬笃敬：笃厚恭敬。

【原文】

马援①兄子严、敦②并喜讥议③，而通轻④侠客。援在交趾⑤，还书诫之曰：吾欲汝曹⑥闻人过失，如闻父母之名，耳可得闻，口不可得言也。好议论人长短，妄是非正法⑦，此吾所大恶⑧也，宁死不愿闻子孙有此行⑨也。龙伯高⑩敦厚周慎，口无择言，谦约节俭，廉公有威，吾爱之重之，愿汝曹效之。杜季良⑪豪侠好义，忧人之忧，乐人之乐，清浊无所失⑫，父丧致客⑬，数郡毕至，吾爱之重之，不愿汝曹效也。效伯高不得，犹为谨敕⑭之士，所谓刻鹄⑮不成，尚类鹜⑯者也。效季良不得，陷为天下轻薄子，所谓画虎不成反类狗者也。

【注释】

①马援：字文渊，西汉末至东汉初年著名的军事家，东汉开国功臣之一。

②兄子严、敦：马援哥哥的儿子马严、马敦。

③讥议：议论讥讽。

④通轻：结交，交往。

⑤交趾（zhǐ）：又名交阯，汉代郡名，现为越南北部。

⑥汝曹：你们。

⑦是非正法：议论国法的对错。

⑧大恶（wù）：最为痛恨。

⑨行（xíng）：品行。

⑩龙伯高：名述，东汉时期人。

⑪杜季良：杜保，东汉人，官至越骑司马。

⑫清浊无所失：结交之人，无论高洁或庸俗，皆同等对待，不加区别。

⑬致客：前来吊丧的宾客。

⑭谨敕（chì）：谨慎整肃。

⑮鹄（hú）：一种水鸟，形似鹅，俗称天鹅。

⑯鹜（wù）：野鸭。

【原文】

汉昭烈①将终②，敕③后主④曰："勿以恶小而为之，勿以善小而不为。"

【注释】

①汉昭烈：刘备，字玄德，三国蜀汉开国君王。

②将终：临死。

③敕（chì）：告诫。

④后主：刘禅，刘备的儿子。

【原文】

诸葛武侯①《戒子书》曰：君子之行，静以修身，俭以养德。非淡泊②无以明志，非宁静无以致远③。夫学须静也，才须学也。非学无以广才④，非静无以成学。慆慢⑤则不能研精，险躁则不能理性。年与时驰，意与岁去，遂成枯落，悲叹穷庐，将复何及也！

【注释】

①诸葛武侯：诸葛亮，字孔明，号卧龙，三国时期蜀汉丞相，封武乡侯。

②淡泊：淡薄名利，恬淡寡欲。

③致远：实现远大的理想。

④广才：增加才能。

⑤慆（tāo）慢：怠惰，怠慢。

【原文】

柳玭①尝著书②戒其子弟曰：坏名灾己，辱先丧家，其失尤大者五，宜深志之。其一，自求安逸，靡甘澹泊③。苟利于己，不恤人言④。其二，不知儒术，不悦古道。懵⑤前经而不耻，论当世以解颐⑥。身既寡知，恶人有学。其三，胜己者厌之，佞己者悦之。唯乐戏谈，莫思古道。闻人之善嫉之，闻人之恶扬之。浸渍⑦颇僻⑧，销刻⑨德义。簪裾⑩徒在，厮养⑪何殊？其四，崇好优游，耽嗜⑫曲蘖⑬。以衔杯^⑭为高致，以勤事为俗流。习之易荒，觉已难悔。其五，急于名宦^⑮，匿^⑯近权要，一资半级，虽或得之，众怒群猜，鲜有存者。余见名门右族^⑰，莫不由祖先忠孝勤俭以成立之，莫不由子孙顽率^⑱奢傲以覆坠之。成立之难如升天，覆坠^⑲之易如燎毛。言之痛心，尔宜刻骨。

【注释】

①柳玭（pín）：柳公绰之孙，柳仲郢之子，字直清，唐京兆华原（今陕西耀县）人。

②著书：写信。

③靡（mǐ）甘澹泊：不安于清心寡欲。

④不恤（xù）人言：无视旁人的议论。恤，忧虑，顾虑。

⑤懵（měng）：无知。

⑥解颐：喜笑颜开。颐，指面、腮。

⑦浸渍（zì）：浸泡，熏染。

⑧颇僻：不正。

⑨销刻：败坏，毁坏。

⑩簪裾（zān jū）：衣冠穿戴，仪容仪表。

⑪厮养：奴仆，下人。

⑫耽嗜（shì）：沉溺于不良的嗜好之中。

⑬曲蘖（niè）：酒。

⑭衔（xián）杯：饮酒。

⑮名宦（huàn）：名誉和官职。

⑯匿（nì）：暗暗地。

⑰名门右族：门第尊贵的大家族。

⑱顽率：顽劣轻率。

⑲覆坠：衰落，衰败。

【原文】

节孝徐先生①训学者②曰：诸君欲为君子，而使③劳己之力，费己之财，如此而不为君子，犹可也。不劳己之力，不费己之财，诸君何不为君子？乡人贱之，父母恶之，如此而不为君子，犹可也。父母欲之，乡人荣之，诸君何不为君子？又曰：言其所善④，行其所善，思其所善，如此而不为君子，未之有也⑤。言其不善，行其不善，思其不善，如此而不为小人，未之有也。

【注释】

①节孝徐先生：徐积，字仲车，北宋时期人。赐谥节孝处士，故称节孝先生。

②学者：学生。

③而使：如果，假使。

④所善：好的事情。

⑤未之有也：没有听说过，没有这回事。

【原文】

古灵陈先生①为仙居令②，教其民曰：为吾民者，父义母慈，兄友弟恭子孝，夫妇有恩，男女有别，子弟有学，乡闾有礼。贫穷患难，亲戚相救，婚姻死丧，邻保^③相助。无堕^④农业，无作盗贼，无学赌博，无好争讼^⑤，无以恶陵^⑥善，无以富吞贫。行者让路，耕者让畔，斑白者不负戴于道路，则为礼义之俗矣。

【注释】

①古灵陈先生：陈襄，字述古，北宋福州侯官（今福建福州）人。

②仙居令：台州仙居县的县令。

③邻保：邻居。宋代实行编户制度，一保是十户人家。

④堕（duò）：通"惰"，懒惰，懈怠。

⑤争讼（sòng）：因争论而诉讼。

⑥陵：通"凌"，欺凌。

广明伦

【原文】

司马温公^①曰：凡诸卑幼，事无大小，毋得专行，必咨禀^②于家长^③。

【注释】

①司马温公：司马光，字君实，赠温国公，故称。

②咨禀（zī bǐng）：禀告，请教。

③家长：家庭的主人。

【原文】

凡子受父母之命，必籍记①而佩之②，时省③而速行之，事毕则返命焉。或所命有不可行者，则和色柔声，具是非利害而白④之，待父母之许，然后改之。若不许，苟于事无大害者，亦当曲从⑤。若以父母之命为非而直行己志⑥，虽所执皆是，犹为不顺之子，况未必是乎！

【注释】

①籍记：用记事簿记下。

②佩之：将其佩戴于身上。

③省（xǐng）：看。

④白：说明，禀告。

⑤曲从：委屈顺从。

⑥直行己志：直接按照自己的想法去做。

【原文】

横渠先生①曰：舜之事亲，有不悦者，为父顽母嚚②，不近人情。若中人③之性，其爱恶若无害理，必姑顺之。若亲之故旧所喜，当极力招致④。宾客之奉，当极力营办⑤。务以悦亲为事，不可计家之有无。然又须使之不知其勉强劳苦。苟使见其为而不易，则亦不安矣。

【注释】

①横渠先生：张载。

②父顽母嚚（yín）：父亲顽固愚昧，母亲暴戾愚蠢。

③中人：一般人。

④招致：请来，招来。

⑤营办：筹办，承办。

【原文】

伊川先生①曰：病卧于床，委之庸医，比②之不慈不孝。事亲者亦不可不知医。

【注释】

①伊川先生：程颐，字正叔，洛阳伊川（今河南洛阳）人，世称伊川先生。

②比：等同。

【原文】

司马温公曰：冠者，成人之道①也。成人者，将责②为人子、为人弟、为人臣、为人少者之行也。将责四者之行于人，其礼可不重与？冠礼之废久矣。近世以来，人情尤为轻薄。生子犹饮乳，已加巾帽，有官者或为之制公服而弄之。过十岁犹总角③者，盖鲜矣。彼责以四者之行，岂能知之？故往往自幼至长，愚骏④如一，由不知成人之道故也。古礼虽称二十而冠，然世俗之弊不可猝⑤变。若敦厚好古之君子，俟⑥其子年十五以上，能通《孝经》《论语》，粗知礼义之方，然后冠之，斯其美矣。

【注释】

①成人之道：成年人的标志。

②责：要求，承担。

③总角：儿童未成年前，头发梳成两个髻，向上分开，形态如角。

④愚骏（ái）：愚昧，不明事理。

⑤猝（cù）：突然。

⑥俟（sì）：等待。

【原文】

吕氏①《童蒙训》②曰：事君如事亲，事官长如事兄，与同僚③如家人，待群吏如奴仆，爱百姓如妻子，处官事如家事，然后能尽吾之心。如有毫末④不至，皆吾心有所未尽也。

【注释】

①吕氏：吕本中，字居仁，吕公著曾孙，吕希哲孙，南宋寿州（今属安徽寿县）人，官至中书舍人，世称东莱先生。

②《童蒙训》：由吕本中撰写而成，共三卷，是一套体系相对完整的家塾教材。

③同僚：同事，同为君主效力之人。

④毫末：毫毛的末端。此处比喻极其细微。

【原文】

明道先生①曰：一命②之士，苟存心于爱物③，于人必有所济。

【注释】

①明道先生：程颢，字伯淳，北宋著名理学家，世称明道先生。

②一命：受过朝廷任命。

③物：此处指人。

【原文】

刘安礼①问临民②，明道先生曰："使民各得输③其情。"问御吏，曰："正己以格物④。"

【注释】

①刘安礼：字立之，程颢弟子。

②临民：治理百姓。

③输：表达。

④格物：探究穷尽事物的道理。此处引申为使别人端正。

【原文】

伊川先生①曰：居是邦②，不非③其大夫，此理最好。

【注释】

①伊川先生：程颐。

②邦：邦国，诸侯国。

③非：议论是非。

【原文】

《童蒙训》曰：当官之法，惟有三事：曰清^①，曰慎^②，曰勤^③。知此三者，则知所以持身矣。

【注释】

①清：清廉不贪。

②慎：谨慎守法。

③勤：勤勉执事。

【原文】

当官者，凡异色人^①皆不宜与之相接，巫祝^②尼^③媪^④之类，尤宜疏绝，要以清心省事为本。

【注释】

①异色人：不务正业之人。

②巫祝：装神弄鬼之人。

③尼：尼姑。

④媪（ǎo）：牙婆，即旧时民间以介绍人口买卖为业从中牟取暴利的妇女。

【原文】

后生少年，乍^①到官守^②，多为猾^③吏所饵^④，不自省察，所得毫末，而一任之间，不复敢举动。大抵作官嗜利⑤，所得甚少，而吏人所盗不赀⑥矣。以此被重谴⑦，良⑧可惜也。

【注释】

①乍：刚刚。

②官守：做官所在的地方。

③猾：狡猾，狡诈。

④饵：以物质为诱饵而引诱人。

⑤嗜利：喜好资财。

⑥不赀（zī）：难以计算的财富，形容数量多。赀，通"资"，资财。

⑦重谴（qiǎn）：重罚，重贬。

⑧良：实在，极其。

【原文】

当官者，先以暴怒为戒。事有不可，当详处之，必无不中①。若先暴怒，只能自害，岂能害人！

【注释】

①中（zhòng）：符合事理，符合常理。

【原文】

夫有人民而后有夫妇，有夫妇而后有父子，有父子而后有兄弟。一家之亲，此三者①而已矣。自兹以往②，至于九族^③，皆本于三亲焉。故于人伦为重者也，不可不笃。兄弟者，分形连气^④之人也。方其幼也，父母左提右挈，前襟后裾^⑤，食则同案，衣则传服^⑥，学则连业^⑦，游则共方。虽有悖乱^⑧之人，不能不相爱也。及其壮也，各妻其妻^⑨，各子其子，虽有笃厚之人，不能不少衰^⑩也。娣姒^⑪之比兄弟则疏薄矣。今使疏薄之人而节量^⑫亲厚之恩，犹方底而圆盖，必不合矣。唯友悌深至，不为傍人之所移者，免夫！

【注释】

①三者：此处指前文所提到的夫妇、父子、兄弟。

②自兹以往：自此向外推求。

③九族：上可推求至高祖、曾祖、祖父、父亲，向下可推求至儿子、孙子、曾孙、玄孙，而自己是推求之本位。

④连气：心气相连。

⑤前襟后裾（jū）：哥哥在前拽着父母衣服的前襟，弟弟在后拉着父母衣服的后摆，形容兄弟友爱。

⑥传服：此处指大的孩子穿过的衣服再传给小的孩子。

⑦连业：此处指大的孩子用过的书本再传给小的孩子。业，书写典籍的大版。

⑧悖（bèi）乱：神志昏乱糊涂。

⑨各妻其妻：每个人都娶了自己的妻子。

⑩少衰：稍稍减弱。

⑪娣姒（dì sì）：即兄弟的妻子，俗称妯娌。年长为姒，年幼

者为娣。

⑫节量：节制限量。

【原文】

伊川先生①曰：今人多不知兄弟之爱。且如闾阎②小人③，得一食必先以食父母，夫何故④？以父母之口重于己之口也。得一衣必先以衣⑤父母，夫何故？以父母之体重于己之体也。至于犬马亦然，待父母之犬马，必异乎己之犬马也。独⑥爱父母之子，却轻于己之子，甚者⑦至若仇敌，举世皆如此，惑之甚矣。

【注释】

①伊川先生：程颐。

②闾阎（lú yán）：这里指民间。

③小人：此处指黎民百姓。

④夫（fú）何故：这是什么原因呢？夫，这、那。指示代词。

⑤衣（yì）：穿。

⑥独：仅仅，唯独。

⑦甚者：严重的，突出的。

【原文】

伊川先生①曰：近世浅薄②，以相欢狎③为相与，以无圭角④为相欢爱。如此者，安能久？若要久，须是恭敬。君臣朋友，皆当以敬为主也。

【注释】

①伊川先生：程颐。

②浅薄：指人肤浅无知。

③欢狎（xiá）：欢喜亲昵。

④圭（guī）角：锋芒，棱角。

【原文】

横渠先生①曰：今之朋友，择其善柔以相与，拍肩执袂②以为气合，一言不合，怒气相加。朋友之际③，欲其相下④不倦，故于朋友之间，主于敬者，日相亲与，得效最速。

【注释】

①横渠先生：张载。

②袂（mèi）：衣袖，袖口。

③际：相交，接近。

④相下：相互谦让，礼让。

【原文】

《童蒙训》曰：同僚之契①，交承②之分，有兄弟之义。至其子孙，亦世讲之。前辈专以此为务，今人知之者盖少矣。又如旧举将③及尝为旧任按察官④者，后己官虽在上，前辈皆辞避坐⑤下坐⑥。风俗如此，安得不厚乎？

【注释】

①契：契合，相投。

②交承：职位交接。

③举将：指推荐者。

④按察官：巡视考察的官员。

⑤避坐：避席，以此表示尊敬之意。

⑥下坐：末席。

【原文】

范文正公^①为参知政事^②时，告诸子曰："吾贫时，与汝母养吾亲。汝母躬^③执爨^④，而吾亲甘旨^⑤未尝充也。今而得厚禄，欲以养亲，亲不在矣。汝母亦已早世。吾所最恨^⑥者，忍令若曹^⑦享富贵之乐也。吾吴中^⑧宗族甚众，于吾固有亲疏^⑨。然吾祖宗视之，则均是子孙，固无亲疏也。苟祖宗之意无亲疏，则饥寒者吾安得不恤^⑩也？自祖宗来，积德百余年而始发于吾，得至大官。若独享富贵而不恤宗族，异日何以见祖宗于地下？今何颜入家庙^⑪乎？"于是恩例^⑫俸赐^⑬常均于族人，并置义田宅^⑭云。

【注释】

①范文正公：范仲淹，字希文，北宋苏州吴县（今江苏苏州）人，卒谥文正。

②参知政事：与宰相在政事堂一起议论政事的官职。

③躬：亲身，亲自。

④执爨（cuàn）：烧火做饭。

⑤甘旨：美食。

⑥恨：遗憾。

⑦若曹：你们。

⑧吴中：古称吴县，今属苏州。

⑨亲疏：亲近与疏远。

⑩恤（xù）：体恤，同情。

⑪家庙：祖庙宗祠。

⑫恩例：帝王为宣示恩德而颁布的条例、规定。

⑬俸赐：俸禄和所得的赏赐。

⑭义田宅：义田与义宅，是为赡养族人或贫困之人而建的。

【原文】

司马温公①曰：凡为家长，必谨守礼法，以御群子弟及家众②。分之以职，授之以事，而责③其成功④。制财用之节⑤，量⑥入以为出，称⑦家之有无以给上下之衣食。及吉凶⑧之费皆有品节⑨，而莫不均一。裁省冗⑩费，禁止奢华，常须稍存赢余，以备不虞⑪。

【注释】

①司马温公：司马光。

②家众：家中众人，此处指家中的奴婢和仆人。

③责：要求，督促。

④成功：做好事情。

⑤节：节制。

⑥量：衡量。

⑦称（chèn）：符合，相当。

⑧吉凶：吉事和凶事。

⑨品节：以等级、层次为衡量标准进行节制。

⑩冗（rǒng）：闲散的，多余无用的。

⑪虞（yú）：预料。

广敬身

【原文】

董仲舒①曰：仁人者，正其谊②不谋其利，明其道不计其功。

【注释】

①董仲舒：西汉广川（今属河北）人，有"天人感应""三纲五常"之说。

②谊：通"义"，道义，义理。

【原文】

孙思邈①曰：胆欲大而心欲小，智欲圆②而行欲方③。

【注释】

①孙思邈（miǎo）：唐代华原（今属陕西）人，著名医学家。

②圆：圆润，圆通。

③方：方正。

【原文】

古语云：从①善如登②，从恶如崩③。

【注释】

①从：顺从。

②登：攀登。

③崩：坠落，崩落。

【原文】

孝友先生朱仁轨①隐居养亲，常诲子弟曰："终身让路，不枉②百步；终身让畔，不失一段。"

【注释】

①朱仁轨：字德容，唐代永城（今属河南）人。谥号为孝友先生。

②枉：白费，多费。

【原文】

仲由①喜闻过②，令名②无穷焉。今人有过不喜人规③，如护疾而忌医④，宁⑤灭其身而无悟也，噫⑥！

【注释】

①仲由：字子路，春秋时鲁国人，孔子弟子。

②令名：美好的名声。

③规：规劝，劝勉。

④忌医：忌讳治疗。

⑤宁（nìng）：宁愿，宁可。

⑥噫（yì）：表示感叹的语词。

【原文】

伊川先生①曰：只整齐②严肃③，则心便一。一则自无非辟④之干⑤。

【注释】

①伊川先生：程颐。

②整齐：整治仪容。

③严肃：仪容庄重端正。

④非辟：邪僻。

⑤干：干扰，扰乱。

【原文】

伊川先生甚爱《表记》"君子庄敬①日②强，安肆③日偷④"之语。盖常人之情，才放肆则日就旷荡⑤，自简束⑥则日就规矩⑦。

【注释】

①庄敬：庄重恭敬。

②日：日渐，一天天地。

③安肆：安乐放肆。

④偷：苟且。

⑤旷荡：放荡不羁。

⑥简束：检点约束。

⑦规矩：法度，礼法。

【原文】

人于外物①奉②身者，事事要好，只有自家一个身与心，却不要好。苟得外物好时，却不知道自家身与心已自先不好了也。

【注释】

①外物：身外之物，诸如饮食、衣服、房屋之类。

②奉：奉养，侍候。

【原文】

伊川先生①言：人有三不幸：少年登②高科③，一不幸；席④父兄之势为美官，二不幸；有高才⑤，能文章，三不幸也。

【注释】

①伊川先生：程颐。

②登：中举。

③高科：科举高第。

④席：倚仗，凭借。

⑤高才：杰出才能。

【原文】

横渠先生①曰：学者舍礼义，则饱食终日无所猷②为，与下民③一致。所事不逾④衣食之间，燕游⑤之乐耳。

【注释】

①横渠先生：张载。

②猷（yóu）：谋划，打算。

③下民：此处指不求学问的下等人。

④不逾（yú）：不超过。

⑤燕游：宴饮游乐。

【原文】

范忠宣公①戒子弟曰：人虽至愚，责人则明；虽有聪明，恕己则昏②。尔曹但常以责人之心责己，恕己之心恕人，不患不到圣贤地位③也。

【注释】

①范忠宣公：范纯仁，字尧头，谥忠宣。范仲淹之子。

②昏：糊涂。

③地位：地步，程度。

【原文】

攻^①其恶^②，无攻人之恶。盖自攻其恶，日夜且自点简，丝毫不尽，则慊^③于心矣，岂有工夫点简他人邪^④？

【注释】

①攻：治理，指责。

②其恶：自己的过错。

③慊（qiàn）：不满，怨恨。

④邪：通"耶"，疑问语气词。

【原文】

"恩仇分明"，此四字非有道者^①之言也。"无好人"三字，非有德者之言也。后生^②戒之。

【注释】

①有道者：通情达理且有道德之人。

②后生：后辈，年轻人。

【原文】

张思叔①座右铭曰：凡语必忠信，凡行必笃敬，饮食必慎节，字画必楷正②。容貌必端庄，衣冠必肃整③，步履必安详，居处必正静。作事必谋始④，出言必顾行⑤，常德⑥必固持，然诺⑦必重应⑧，见善如己出，见恶如己病。凡此十四者，我皆未深省⑨。书此当座隅⑩，朝夕视为警。

【注释】

①张思叔：张绎，字思叔，北宋寿安（今属河南）人，程颐弟子。

②楷正：工整，端正。

③肃整：整治，整齐。

④谋始：开始要考虑周全，慎重行事。

⑤顾行：顾全德行。

⑥常德：始终坚守的道德。

⑦然诺：答应，允诺。

⑧重应：给予郑重的回应。

⑨深省（xǐng）：深刻地反省。

⑩座隅（yú）：座位之旁。

【原文】

胡文定公①曰：人须是一切世味②淡薄方好，不要有富贵相。孟子谓"堂高数仞③，食前方丈④，侍妾数百人，我得志不为。"学者须先除去此等，常自激昂⑤，便不到得坠堕⑥。常爱诸葛孔明，当汉末躬耕南阳，不求闻达⑦，后来虽应刘先主⑧之聘⑨，宰割⑩山河，三分天下，身都⑪将相，手握重兵⑫，亦何求不得，何欲不遂？乃与后主⑬言："成都有桑八百株，薄田十五顷，子孙衣食自有余饶。臣身在外，别无调度⑭，不别治生⑮，以长⑯尺寸。若死之日，不使廪有余粟⑰，库有余财，以负陛下⑱。"及卒⑲，果如其言。如此辈人，真可谓大丈夫⑳矣。

【注释】

①胡文定公：胡安国，字康侯，谥文定，南宋崇安（今福建武夷山市）人，学者称其为武夷先生。

②世味：社会人情。

③仞（rèn）：古代计量单位，周制八尺为一仞，汉制七尺为一仞。

④食前方丈：前面一丈见方之地陈列着美味佳肴。

⑤激昂：振奋激励。

⑥坠堕：堕落。

⑦闻达：闻名于世，显达。

⑧刘先生：刘备，字玄德，三国时蜀汉的君主。

⑨聘：礼聘。

⑩宰割：分割，支配。

⑪都：居。

⑫重兵：指军队力量雄厚。

⑬后主：刘禅，刘备之子。

⑭调度：调遣，安排。

⑮治生：营生，经营家业。

⑯长（zhǎng）：扩大，增长。

⑰廪（lǐn）有余粟（sù）：粮仓中贮存着余粮。

⑱陛（bì）下：对君主的尊称。

⑲卒：去世。

⑳大丈夫：有节操，有志气，有作为的男子。

【原文】

胡子①曰：今之儒者，移学文艺②干③仕进之心，以收其放心④，而美⑤其身，则何古人之不可及哉！父兄以文艺令其子弟，朋友以仕进相招，往而不返，则心始荒而不治，万事之成，咸⑥不逮⑦古先⑧矣。

【注释】

①胡子：胡宏，字仁仲，号五峰，学者称其五峰先生，胡安国季子，程颢、程颐的再传弟子。

②文艺：文章技艺。

③干：求索，追求。

④放心：放纵之心。

⑤美：使动用法，使……变得美好。

⑥咸：全都，全部。

⑦不逮（dài）：不及，比不上。

⑧古先：古代，往昔。

【原文】

《颜氏家训》曰：夫①所以读书学问，本欲开心明目，利于行耳。未知养亲者，欲其观古人之先意承颜，怡声下气②，不惮劬劳③，以致甘腝④，惕然惭惧，起而行之也。未知事君者，欲其观古人之守职无侵，见危授命，不忘诚谏⑤，以利社稷⑥，恻然自念，思欲效之也。素骄奢者，欲其观古人之恭俭节用，卑以自牧，礼为教本，敬者身基，瞿然⑦自失，敛容抑志也。素鄙吝者，欲其观古人之贵义轻财，少私寡欲，忌盈恶满，赒⑧穷恤匮⑨，赧然⑩悔耻，积而能散也。素暴悍⑪者，欲其观古人之小心黜⑫己，齿弊舌存⑬，含垢藏疾，尊贤容众，苶然⑭沮丧，若不胜衣也。素怯懦者，欲其观古人之达生委命，强毅正直，立言必信，求福不回，勃然奋厉，不可恐惧也。历兹以往，百行皆然。纵不能淳，去泰去甚，学之所知，施无不达。世人读书，但能言之，不能行之，武人俗吏所共嗤诋⑮，良由是耳。又有读数十卷书，便自高大，陵忽长者，轻慢同列。人疾之如仇敌，恶之如鸱⑯枭。如此以学求益，今反自损，不如无学也。

【注释】

①夫（fú）：发语词。

②怡（yí）声下气：指侍奉父母时声音要柔和，态度要恭顺。

③不惮劬（qú）劳：不怕辛苦。劬，劳苦，勤劳。

④甘腝（ní）：鲜美柔软的食物。

⑤诚谏（jiàn）：忠诚地劝谏。

⑥社稷（jì）：土神和谷神的总称。因古代君主都要祭祀土神和谷神，后来就用社稷代指国家。

⑦瞿（jù）然：惊骇、惊惧的样子。

⑧赒（zhōu）：救济，接济。

⑨恤（xù）匮：救济缺乏。

⑩赧（nǎn）然：羞愧脸红的样子。

⑪暴悍（hàn）：残暴凶悍。

⑫黜（chù）：贬谪，摈除。

⑬齿弊（bì）舌存：牙齿因为坚硬而容易损坏，舌头却因为柔软而保存下来。

⑭苶（nié）然：失落颓废的样子。

⑮嗤诋（chī dǐ）：嘲笑诋毁。

⑯鸱（chī）：鸱鹰，生性残暴嚣张。

【原文】

吕舍人①曰：大抵后生为学，先须理会所以为学者何事。一行一住，一语一默②，须要尽合道理。学业则须是严立③课程，不可一日放慢。每日须读一般经书，一般④子书⑤，不须多，只要令精熟。须静室危坐⑥，读取⑦二三百遍，字字句句，须要分明。又每日须连前三五授⑧，通读五七十遍，须令成诵，不可一字放过也。史书每日须读取一卷，或半卷以上，始见功。须是从人⑨授读，疑难处便质问⑩，求古圣贤用心⑪，竭力从之。夫指引者，师之功⑫也。行有不至，从容⑬规戒者，朋友之任也。决意而往，则须用己力，难仰⑭他人矣。

【注释】

①吕舍人：吕本中，官至中书舍人，故称。

②一语一默：说话或是沉默。

③严立：严格规定，严格规范。

④一般：同样，一样。

⑤子书：诸子百家之书。

⑥危坐：坐得端正，以表恭敬。

⑦取：语助词，并无实际意义。

⑧前三五授：之前三五次传授的内容。

⑨从人：跟随师长。

⑩质问：询问。

⑪用心：想法，存心。

⑫功：事，职责。

⑬从容：舒缓。

⑭仰：凭借，仰仗。

【原文】

吕氏①《童蒙训》曰：今日记一事，明日记一事，久则自然贯穿②。今日辨一理，明日辨一理，久则自然浃洽③。今日行一难事，明日行一难事，久则自然坚固。涣然冰释④，怡然⑤理顺，久自得之，非偶然也。

【注释】

①吕氏：吕本中。

②贯穿：贯通融合。

③浃洽（jiā qià）：贯通，融洽。

④涣（huàn）然冰释：如同冰遇到热那样顷刻融化，此处引申为疑难很快就消除了。

⑤怡（yí）然：高兴、快乐的样子。

【原文】

前辈尝说：后生才性①过人者不足畏，惟读书寻思推究者为可畏耳。又云：读书只怕寻思，盖义理精深，惟寻思用意，为可以得之。卤莽②厌烦者，决无有成之理。

【注释】

①才性：才能禀赋。

②卤莽（lǔ mǎng）：粗疏。

【原文】

《颜氏家训》曰：借人典籍①，皆须爱护，先有缺坏，就为补治。此亦士大夫百行之一也。济阳江禄②读书未竟③，虽有急速，必待卷束④整齐，然后得起，故无损败，人不厌其求假⑤焉。或有狼籍⑥几案，分散部帙⑦，多为童幼婢妾之所点污⑧，风雨虫鼠之所毁伤，实为累德⑨。吾每读圣人书，未尝不肃敬对之。其故纸⑩有五经词义及圣贤姓名，不敢他用⑪也。

【注释】

①典籍：图书，书籍。

②江禄：字彦遐，梁朝济阳（今属河南）人。

③未竟：没有完成。

④卷束：卷起并捆束起来。

⑤假：借。

⑥狼籍：通"狼藉"，乱七八糟，不整洁。

⑦部帙（zhì）：卷册。

⑧点污：弄脏，污损。

⑨累德：有损于德行。

⑩故纸：旧书籍。

⑪他用：其他的用途。

善行第六

【题解】

　　所谓"善行"，即合乎礼节之行，令后人称赞并可作为行事榜样之行。这部分收集了汉朝以来圣贤之人的善行，用以充实《内篇》中"立教""明伦""敬身"所讲述的道理。

实立教

【原文】

　　吕荥公①名希哲，字原明，申国正献公②之长子。正献公居家，简重寡默，不以事物经心③。而申国夫人性严有法，虽甚爱公，然教公事事循蹈规矩。甫④十岁，祁寒⑤暑雨，侍立终日，不命之坐，不敢坐也。日必冠带以见长者。平居虽甚热，在父母长者之侧，不得去巾袜缚袴⑥，衣服唯谨。行步出入，无得入茶肆、酒肆。市井里巷之语，郑卫之音，未尝一经于耳。不正之书，非礼之色，未尝一接于目。正献公通判颍州，欧阳公适知州事。焦先生千之伯强客文忠公所，严毅方正。正献公招延之，使教诸子。诸生小有过差，先生端坐，召与相对，终日竟夕⑦不与之语。诸生恐惧畏服，先生方略降辞色。时公方十余岁，内则正献公与申国夫人教训如此之严，外则焦先生化导如此之笃，故公德器成就大异众人。公尝言："人生内无贤父兄，外无严师友，而能有成者少矣。"

【注释】

①吕荣（xíng）公：吕希哲，字原明，吕公著之子，北宋寿州（今属安徽寿县）人，世称荣阳先生，故亦称"荣公"。

②申国正献公：即吕公著，字晦叔，谥号正献，封申国公，北宋寿州（今属安徽寿县）人。

③经心：放在心上。

④甫（fǔ）：才，仅仅。

⑤祁（qí）寒：大寒，严寒。

⑥缚袴（fù kù）：缠绕捆扎裤管的布幅。

⑦竟夕：整个晚上。

【原文】

吕荣公张夫人，待制讳昷之①之幼女也，最钟爱。然居常②至微细事，教之必有法度，如饮食之类，饭羹③许更益，鱼肉不更进也。时张公已为待制、河北都转运使④矣。及夫人嫁吕氏，夫人之母，申国夫人姊⑤也，一日来视女，见舍⑥后有锅釜⑦之类，大不乐，谓申国夫人曰："岂可使小儿辈私作饮食，坏家法⑧耶？"其严如此。

【注释】

①待制讳（huì）昷（wēn）之：张昷之，字景山，北宋广陵（今属江苏扬州）人。讳，讳名，用于尊者的名字前，以表示尊敬。

②居常：平日里。

③羹（gēng）：汤，汤羹。

④都转运使：官职名，总揽一路财政赋税，兼管监察等事务。"路"为宋代的一种行政区划。

⑤姊（zǐ）：姐姐。

⑥舍：房屋。

⑦釜（fǔ）：古代的一种锅。

⑧家法：治家的法度，礼法。

【原文】

唐阳城①为国子司业②，引诸生而告之曰："凡学者，所以学为忠与孝也。诸生有久不省亲③者乎？"明日，谒④城还养⑤者二十辈⑥。有三年不归侍者，斥⑦之。

【注释】

①阳城：字亢宗，唐代定州北平（今属河北）人。

②国子司业：官职名，为国子监的副长官，掌管儒学训导的政事。

③省（xǐng）亲：回家探望父母或其他尊亲。

④谒（yè）：拜见，禀告。

⑤还养：回家侍奉父母。

⑥辈：人。

⑦斥：除名，驱逐。

【原文】

蓝田吕氏①《乡约②》曰：凡同约者，德业③相劝，过失相规，礼俗④相交⑤，患难相恤⑥。有善则书于籍⑦，有过若⑧违约者亦书之。三犯⑨而行罚，不悛⑩者绝⑪之。

【注释】

①蓝田吕氏：指吕大中、吕大防、吕大钧、吕大临兄弟四人，皆是陕西蓝田（今属西安）人。

②乡约：乡人共同签订并都要遵守的条约。

③德业：品德功业。

④礼俗：指婚姻、丧葬、祭祀等各种礼仪习俗。

⑤相交：相互来往、帮忙。

⑥恤（xù）：救济，体恤。

⑦籍：书籍，书册。

⑧若：或者。

⑨三犯：接连三次犯错。

⑩悛（quān）：悔改，知错。

⑪绝：开除，除名。

实明伦

【原文】

江革①少失父，独与母居。遭天下乱，盗贼并②起。革负母逃难，备经险阻，常采拾③以为养。数遇贼，或劫④欲将去，革辄⑤涕泣哀求⑥，言有老母，辞气愿款⑦，有足感动人者。贼以是不忍杀之，或乃指避兵之方，遂得俱全于难。转客⑧下邳⑨，贫穷裸跣⑩，行佣⑪以供母，便身⑫之物，莫不毕给⑬。

【注释】

①江革：字次翁，东汉临淄（今属山东）人，事母至孝。

②并：同时，一起。

③采拾：采摘拾取。

④劫（jié）：劫持，胁迫。

⑤辄（zhé）：总是，每次。

⑥哀求：向人求助，求人哀怜。

⑦愿款：诚挚。

⑧转客：辗转漂泊，客居。

⑨下邳（pī）：地名，今江苏省睢（suī）宁县古邳县。

⑩裸跣（xiǎn）：裸露上身，赤着脚。

⑪行佣（yōng）：做佣工。

⑫便身：方便安身。

⑬毕给（jǐ）：全部充足。

【原文】

薛包①好学笃行②，父娶后妻而憎包，分出之。包日夜号泣，不能去，至被殴杖③。不得已，庐④于舍外，旦入而洒扫。父怒，又逐之。乃庐于里门⑤，晨昏⑥不废。积岁余，父母惭而还之。后服丧⑦过哀。既而弟子⑧求分财异居⑨，包不能止，乃中分⑩其财。奴婢引其老者，曰："与我共事久，若⑪不能使也。"田庐取其荒顿⑫者，曰："吾少时所理，意所恋也。"器物取其朽败者，曰："我素所服食⑬，身口所安也。"弟子数破其产⑭，辄复赈给⑮。

【注释】

①薛包：东汉汝南（今属河南）人，因孝顺父母而闻名。

②笃（dǔ）行：行为笃厚踏实。

③殴杖：用杖棍殴打。

④庐：建造小屋。

⑤里门：里巷之门。

⑥晨昏：此处指朝夕问安侍奉。

⑦服丧：身穿孝服守丧。

⑧弟子：此处指弟弟和侄子。

⑨异居：分开居住。

⑩中分：平均分配。

⑪若：你。

⑫荒顿：荒废。

⑬服食：吃穿。

⑭破其产：丧失了家产。

⑮赈给（zhèn jǐ）：救济施与。

【原文】

王祥①性孝，蚤②丧亲。继母朱氏不慈，数谮③之，由是失爱于父，每使扫除牛下④，祥愈恭谨。父母有疾，衣不解带⑤，汤药必亲尝。母尝欲生鱼，时天寒冰冻，祥解衣将剖⑥冰求之，冰忽自解，双鲤跃出，持之而归。母又思黄雀炙⑦，复有雀数十飞入其幕，复以供母。乡里惊叹，以为孝感所致。有丹柰⑧结实，母命守之，每风雨，祥辄抱树而泣。其笃孝纯至⑨如此。

【注释】

①王祥：字休征，晋临沂（今属山东）人，事后母极孝。

②蚤（zǎo）：通"早"，早年，以前。

③数谮（shuò zèn）：多次说别人的坏话。谮，诬陷，背地里说坏话。

④牛下：牛的排泄物。

⑤衣不解带：不脱外衣就睡觉，形容侍奉父母极其用心。

⑥剖（pōu）：破开。

⑦炙（zhì）：用火烤。

⑧柰（nài）：沙果的一种，通称柰子。

⑨纯至：纯粹之至。

【原文】

晋西河人王延①事亲色养②，夏则扇枕席，冬则以身温被。隆冬盛寒，体常无全衣，而亲极滋味③。

【注释】

①王延：字延元，晋西河（今山西临汾）人，以孝闻。

②色养：和颜悦色地伺候父母。

③滋味：美味。

【原文】

海虞①令何子平②，母丧去官，哀毁③逾④礼，每哭踊⑤，顿绝方苏。属⑥大明⑦末，东土饥荒，继以师旅，八年不得营葬。昼夜号哭，常如袒括⑧之日。冬不衣絮⑨，夏不就清凉，一日以米数合⑩为粥，不进盐菜。所居屋败，不蔽风日。兄子伯兴欲为葺⑪理，子平不肯，曰："我情事未申，天地一罪人耳，屋何宜覆！"蔡兴宗为会稽太守，甚加矜赏，为营冢圹⑫。

【注释】

①海虞：地名，今江苏常熟。

②何子平：南朝宋代庐江灊（qián）县（今安徽霍山）人。

③哀毁：居亲丧太过悲痛而使身体毁坏。

④逾（yú）：超越，超过。

⑤哭踊：一种丧礼的仪节，边哭边顿足。

⑥属（zhǔ）：刚好遇到。

⑦大明：南朝宋孝武帝刘骏的年号。

⑧袒（tǎn）括：古人父母初丧时的一种礼仪，即脱衣露臂，免冠束发。

⑨衣（yì）絮：穿上棉衣。

⑩合（gě）：计量单位，一升的十分之一是一合。

⑪葺（qì）：修理。

⑫冢圹（zhǒng kuàng）：坟墓，墓穴。

【原文】

朱寿昌①生七岁，父守雍②，出③其母刘氏，嫁民间，母子不相知者五十年。寿昌行四方，求之不已。饮食罕御酒肉，与人言辄④流涕。熙宁⑤初，弃官入秦⑥，与家人诀⑦，誓不见母不复还。行次⑧同州⑨，得焉，刘氏时年七十余矣。雍守钱明逸⑩以事闻⑪，诏⑫寿昌还就官⑬，由是天下皆知其孝。寿昌再为郡守，至是以母故通判河中府⑭，迎其同母弟妹以归。居数岁，母卒，涕泣几丧明⑮。拊⑯其弟妹益笃，为买田宅居之。其于宗族尤尽恩意，嫁兄弟之孤女二人，葬其不能葬者十余丧⑰。盖其天性如此。

【注释】

①朱寿昌：字康叔，宋代扬州天长县（今属江苏）人。

②守雍（yōng）：做雍州的太守。雍州在今陕西西安附近。

③出：休妻。

④辄（zhé）：总是，就是。

⑤熙宁：宋神宗年号。

⑥秦：陕西。

⑦诀（jué）：辞别，告别。

⑧行次：行走到达。

⑨同州：今陕西大荔。

⑩钱明逸：字子飞，宋杭州临安（今浙江杭州）人。

⑪以事闻：将这件事报告给朝廷。

⑫诏（zhào）：君主所发的文书命令。

⑬还就官：重新担任官职。

⑭通判河中府：于河中府担任通判。通判，官职名，州府的次官。

⑮几丧明：几乎失明。

⑯拊（fǔ）：通"抚"，抚慰，抚育。

⑰丧（sāng）：灵柩。

【原文】

李君行①先生名潜，虔州人。入京师，至泗州②，留止。其子弟请先往，君行问其故，曰："科场③近，欲先至京师，贯④开封⑤户籍取应⑥。"君行不许。曰："汝虔州人而贯开封户籍，欲求事君而先欺君，可乎？宁迟缓数年，不可行也。"

【注释】

①李君行：李潜，字君行，北宋虔州（今江西赣州）人。

②泗（sì）州：古地名，今安徽泗县一带。

③科场：科举考试。

④贯：登记入籍。

⑤开封：北宋都城。

⑥取应：参加科举考试。

【原文】

刘器之①待制初登科，与二同年②谒③张观④参政⑤。三人同起身请教，张曰："某⑥自守官以来，常持四字：勤、谨、和、缓。"中间一后生⑦应声曰："勤、谨、和，则闻命⑧矣，缓之一字，某所未闻。"张正色⑨作气⑩曰："何尝教贤⑪缓不及事？且道世间甚事，不因忙后错了？"

【注释】

①刘器之：刘安世，字器之，号元城，北宋大名（今属河北）人。司马光弟子。

②同年：科举考试中同一科登第之人的互称。

③谒（yè）：晋见，拜见。

④张观：字思正，北宋绛州绛县（今属山西）人。

⑤参政：官职名，为宰相副职，参知政事之简称。

⑥某：谦词，自称。

⑦后生：年轻人。

⑧闻命：接受劝导。

⑨正色：神色端正严肃。

⑩作气：振作语气。

⑪贤：此处指一种敬称，指前辈对晚辈的称呼。

【原文】

吕荣公①自少守官②处，未尝干③人举荐。其子舜从④，守官会稽，人或讥其不求知者，舜从对曰："勤于职事⑤，其他不敢不慎，乃所以求知也。"

【注释】

①吕荣公：吕希哲。

②守官：历任各种官职。

③干：请求。

④舜从：吕译文，字舜从，吕希哲之子。

⑤职事：职务范围内的政事。

【原文】

汉陈孝妇①年十六而嫁，未有子。其夫当行戍②，且③行时，属④孝妇曰："我生死未可知，幸⑤有老母，无他兄弟备养。吾不还，汝肯养吾母乎？"妇应曰："诺。"夫果死不还。妇养姑⑥不衰，慈爱愈固⑦，纺绩织纴⑧，以为家业，终无嫁意。居丧三年，其父母哀其少无子而早寡也，将取嫁之。孝妇曰："夫去时属妾以供养老母，妾既许诺之。夫养人老母而不能卒，许人以诺而不能信，将何以立于世？"欲自杀。其父母惧而不敢嫁也，遂使养其姑二十八年。姑八十余以天年⑨终，尽卖其田宅财物以葬之，终奉祭祀。淮阳太守以闻⑩，使使者赐黄金四十斤，复⑪之终身，无所与⑫，号曰"孝妇"。

【注释】

①陈孝妇：东汉时陈县（今河南淮阳）人。

②行戍（shù）：戍边行役。

③且：将要，即将。

④属（zhǔ）：通"嘱"，嘱托，叮嘱。

⑤幸：此处指感受到怜悯之心。

⑥姑：婆婆。

⑦愈固：越来越坚固，即更加坚定。

⑧纺绩织纴（rèn）：纺丝绩麻，织成布匹。

⑨天年：自然寿命。

⑩以闻：将陈孝妇的事情汇报给朝廷。

⑪复：免除。

⑫无所与（yù）：终生不再参与任何劳役。

【原文】

唐郑义宗妻卢氏①，略涉书史，事舅姑②甚得妇道③。尝夜有强盗数十，持杖④鼓噪⑤，逾垣⑥而入。家人悉奔窜，唯有姑自在室。卢冒白刃⑦，往至姑侧，为贼捶击⑧几⑨死。贼去后，家人问何独不惧，卢氏曰："人所以异于禽兽者，以其有仁义也。邻里有急，尚相赴救，况在于姑，而可委弃乎？若万一危祸，岂宜独生？"

【注释】

①卢氏：唐代幽州范阳（今北京西南一带）人。

②舅姑：公公和婆婆。

③妇道：妇女应该遵守的道德规范。

④持杖：手里拿着武器。杖，武器。

⑤鼓噪：喧闹，喧嚣。

⑥逾垣（yuán）：翻过院墙。

⑦白刃：锋利的刀剑。

⑧捶击：用棍棒击打。

⑨几（jī）：几乎，险些。

【原文】

苏琼①除②南清河③太守，有百姓乙普明兄弟争田，积年④不断，各相援据⑤，乃至百人。琼召普明兄弟，谕⑥之曰："天下难得者兄弟，易求者田地，假令得田地，失兄弟，心如何？"因而下泪。诸证人莫不洒泣。普明兄弟叩头，乞⑦外更思⑧。分异十年，遂还同住。

【注释】

①苏琼：字珍之，北齐武强（今属河北）人。

②除：任命。

③南清河：古郡名，今山东高唐县一带。

④积年：多年。

⑤援据：援引证人。

⑥谕（yù）：告诉，让他人知道、明白，一般用于尊者对下者。

⑦乞：请求到外面。

⑧更思：重新思索、考虑。

【原文】

　　王祥弟览①，母朱氏遇②祥无道③，览年数岁，见祥被楚挞④，辄涕泣抱持。至于成童⑤，每谏其母，其母少止凶虐⑥。朱屡以非理使祥，览与祥俱。又虐使祥妻，览妻亦趋而共之⑦。朱患⑧之，乃止。

【注释】

①览：王览，字玄通，王祥同父异母的弟弟。

②遇：对待。

③无道：不合乎礼义人情。

④楚挞（tà）：鞭打，拷打。

⑤成童：年龄稍微大一些的儿童。

⑥少止凶虐：稍微停止施行暴虐。

⑦趋而共之：跑过去一同承受。

⑧患：忧患，忧虑。

【原文】

　　晋咸宁①中大疫，庚衮②二兄俱亡，次兄毗③复危殆④，疠气⑤方炽⑥，父母诸弟皆出，次⑦于外，衮独留不去。诸父兄强⑧之，乃曰："衮性不畏病。"遂亲自扶持，昼夜不眠，其间复抚柩⑨哀临不辍⑩。如此十有余旬⑪，疫势既歇，家人乃反⑫。毗病得差⑬，衮亦无恙⑭。父老⑮咸⑯曰："异哉此子。守人所不能守，行人所不能行。岁寒然后知松柏之后凋⑰，始知疫疠之不能相染也。"

【注释】

　　①咸宁：晋武帝年号。

　　②庚衮（yǔ gǔn）：字叔褒，晋鄢（yān）陵（今属河南）人。

　　③毗（pí）：此处指庚衮的哥哥庚毗。

　　④危殆（dài）：身患重病，濒临死亡。

　　⑤疠（lì）气：戾气，具有传染性的致病邪气。

　　⑥炽（chì）：旺盛，猛烈。

　　⑦次：住宿。

　　⑧强（qiǎng）：强迫，逼迫。

　　⑨柩（jiù）：棺材。

　　⑩辍（chuò）：停止。

　　⑪十有余旬：即一百多天。有，通"又"。旬，十天为一旬。

　　⑫反：通"返"，回来。

　　⑬差（chài）：通"瘥"，病情有所好转。

⑭无恙（yàng）：没有疾病。

⑮父老：同乡的老者。

⑯咸：都，全。

⑰凋（diāo）：衰落，颓败。

【原文】

隋吏部尚书①牛弘②弟弼③，好酒而酗④。尝醉，射杀弘驾车牛。弘还宅，其妻迎谓弘曰："叔射杀牛。"弘闻，无所怪问，直答曰："作脯⑤。"坐定，其妻又曰："叔射杀牛，大是异事⑥。"弘曰："已知。"颜色自若，读书不辍⑦。

【注释】

①吏部尚书：官职名，主管一国官吏选任的最高长官。

②牛弘：字里仁，隋朝安定鹑觚（今甘肃平凉）人。

③弼（bì）：牛弘的弟弟牛弼。

④酗（xù）：毫无节制地饮酒，且酒后撒泼。

⑤脯（fǔ）：果肉，肉干。

⑥大是异事：这真是件怪事。

⑦辍（chuò）：停止。

【原文】

唐英公李勣①，贵为仆射②。其姊病，必亲为然③火煮粥。火焚其须，姊曰："仆妾多矣，何为自苦④如此？"勣曰："岂为无人耶？顾⑤今姊年老，勣亦老，虽欲数⑥为姊煮粥，复可得乎？"

【注释】

①英公李勣（jì）：即徐世勣，字懋功。唐高祖李渊赐其李姓，后避唐太宗李世民讳改名为李勣，曹州离狐（今山东菏泽东明）人。

②仆射（yè）：唐太宗时仆射即宰相。

③然：通"燃"，点燃。

④自苦：自寻烦恼。

⑤顾：只不过。

⑥数（shuò）：屡次，多次。

【原文】

司马温公①与其兄伯康②友爱尤笃，伯康年将八十，公奉之如严父，保之如婴儿。每食少顷③，则问曰："得无④饥乎？"天少冷⑤，则抚⑥其背曰："衣得无薄乎？"

【注释】

①司马温公：司马光。

②伯康：司马旦，字伯康，司马池之子，司马光之兄。

③少顷（qǐng）：片刻，一会儿。

④得无：莫非，是不是。

⑤少冷：稍微寒冷。

⑥抚：同"抚"，抚摸。

【原文】

　　包孝肃公①尹京②时，民有自言："以白金③百两寄我者死矣，予其子，不肯受，愿召其子予之。"尹召其子，辞曰："亡父未尝以白金委④人也。"两人相让久之。吕荣公⑤闻之曰："世人喜言'无好人'三字者，可谓自贼⑥者矣。古人言人皆可以为尧舜，盖观于此而知之。"

【注释】

　　①包孝肃公：包拯，字希仁，谥号孝肃，北宋庐州（今安徽合肥）人。

　　②尹京：任职京兆尹，即北宋京师开封府长官。

　　③白金：银子。

　　④委：寄托，委托。

　　⑤吕荣公：吕希哲。

　　⑥自贼：自我戕害。贼，伤害。

【原文】

　　庞公①未尝人城府②，夫妻相敬如宾③。刘表④候之，庞公释耕⑤于垄⑥上，而妻子耘⑦于前。表指而问曰："先生苦居畎亩⑧，而不肯官禄，后世何以遗子孙乎？"庞公曰："世人皆遗之以危，今独遗之以安。虽所遗不同，未为无所遗⑨也。"表叹息而去。

【注释】

①庞公：字德以，东汉襄阳（今属湖北）人。

②城府：一城之内官府所在之地。

③相敬如宾：指夫妻之间彼此尊敬，相互爱护，像对待宾客一样。

④刘表：字景升，东汉山阳郡高平（今属山西）人，汉室宗亲。

⑤释耕：不再耕地，停止耕作。

⑥垄（lǒng）：田埂。

⑦耘（yún）：除草。

⑧苦居畎（quán）亩：辛苦地在田间劳作，以谋生计。

⑨遗（wèi）：送给，传给。

【原文】

陶渊明①为彭泽令②，不以家累③自随。送一力④给其子，书曰："汝旦夕之费⑤，自给⑥为难。今遣此力，助汝薪水⑦之劳。此亦人子⑧也，可善遇⑨之。"

【注释】

①陶渊明：一名潜，字元亮，东晋浔阳柴桑（今江西九江西南）人。

②彭泽令：彭泽（今江西九江彭泽县）县的县令。

③家累：家属，家眷。

④力：奴役，仆役。

⑤旦夕之费：一天之内的花费。

⑥自给（jǐ）：自己供养自己。

⑦薪（xīn）水：指日常的劳作，如砍柴、汲水等。

⑧人子：别人的儿子。

⑨善遇：礼遇，好好对待。

【原文】

　　张公艺①九世同居，北齐、隋、唐皆旌表②其门。麟德③中，高宗④封泰山⑤，幸⑥其宅，召见公艺，问其所以能睦族⑦之道。公艺请纸笔以对，乃书"忍"字百余以进。其意以为宗族所以不协，由尊长衣食或有不均，卑幼礼节或有不备，更相责望⑧，遂为乖争⑨。苟能相与忍之，则家道雍睦⑩矣。

【注释】

①张公艺：唐代郓（yùn）州寿张（今属山东东平县）人。

②旌（jīng）表：表彰。

③麟（lín）德：唐高宗年号。

④高宗：唐高宗李治。

⑤封泰山：到泰山祭天。封，筑土为坛以祭天。

⑥幸：古时帝王到某处称为幸。

⑦睦族：使亲族和睦相处。

⑧责望：责怪埋怨。

⑨乖（guāi）争：纷争，纠纷。

⑩雍（yōng）睦：和睦，和谐。

实敬身

【原文】

或问第五伦①曰："公有私乎？"对曰："昔人有与吾千里马者，吾虽不受，每三公②有所选举，心不能忘，而亦终不用也。吾兄子尝病，一夜十往，退而安寝③。吾子有疾，虽不省④视，而竟夕不眠。若是⑤者，岂可谓无私乎？"

【注释】

①第五伦：姓第五，名伦，字伯鱼，东汉京兆长陵（今陕西咸阳）人。

②三公：东汉时以太尉、司徒、司空为三公，是中央最高的三种官衔名。

③安寝（qǐn）：睡得安稳。

④省（xǐng）：探望，看望。

⑤是：这，这样。

【原文】

刘宽①虽居仓卒②，未尝疾言遽色③。夫人欲试宽，令恚④，伺⑤当朝会⑥，装严⑦已讫，使侍婢奉肉羹⑧，翻污朝衣⑨，婢遽收之，宽神色不异，乃徐言⑩曰："羹烂汝手乎？”其性度⑪如此。

【注释】

①刘宽：字文饶，东汉弘农华阴（今陕西华阴）人。

②仓卒（cù）：急迫，匆忙。

③疾言遽（jù）色：言语粗暴，神色急躁。遽，急忙，急躁。

④恚（huì）：发怒，怨恨。

⑤伺（sì）：等候，等待。

⑥朝会：觐见君主。

⑦装严：穿着装束整齐端正。

⑧肉羹：用肉做成的汤。

⑨朝衣：上朝所穿的服饰。

⑩徐言：慢慢地说。

⑪性度：性情气度。

【原文】

杨震①所举荆州②茂才③王密为昌邑④令，谒见⑤，怀金十斤以遗⑥震。震曰：“故人⑦知君，君不知故人，何也？”密曰：“莫⑧夜无知者。”震曰：“天知神知，我知子知，何谓无知？”密愧而去。

【注释】

①杨震：字伯起，东汉弘农华阴（今陕西华阴）人。

②荆州：东汉时荆州治所在今湖南汉寿县北部。

③茂才：秀才，因避光武帝刘秀名讳，所以改秀才为茂才。

④昌邑：今山东巨野和金乡境内。

⑤谒（yè）见：拜见，晋见。

⑥遗（wèi）：赠给，传给。

⑦故人：自称。

⑧莫（mù）：通"暮"，夜晚。

【原文】

茅容①与等辈②避雨树下，众皆夷踞③相对，容独危坐愈恭。郭林宗④行见之，而奇其异⑤，遂与共言，因请寓宿⑥。旦日⑦，容杀鸡为馔⑧，林宗谓为己设，既而供其母，自以草蔬⑨与客同饭。林宗起，拜之曰："卿⑩贤乎哉。"因劝令学，卒以成德。

【注释】

①茅容：字季伟，东汉陈留（今属河南开封）人。

②等辈：同辈。

③夷踞（jù）：是一种不拘礼节的坐姿，即两腿伸开坐在地上。

④郭林宗：郭泰，字林宗，东汉并州太原界休（今属山西）人。

⑤奇其异：对他的与众不同感到极其惊讶。

⑥寓宿：借宿，寄宿。

⑦旦日：第二天。

⑧馔（zhuàn）：食物。

⑨草蔬：粗疏的饭菜。

⑩卿（qīng）：古时长者对晚辈，上级对下级的称呼。

【原文】

柳玭^①曰：王相国涯^②方居相位，掌利权^③。窦氏女^④归，请曰："玉工货一钗，奇巧，须七十万钱。"王曰："七十万钱，我一月俸金耳，岂于女^⑤惜，但一钗七十万，此妖物^⑥，必与祸相随。"女子不复敢言。数月，女自婚姻会归，告王曰："前时钗，为冯外郎妻首饰矣。"乃冯球也。王叹曰："冯为郎吏，妻之首饰有七十万钱，其可久乎？"冯为贾相𫗧^⑦门人，最密。贾有苍头^⑧，颇张威福，冯召而勖^⑨之。未浃旬^⑩，冯晨谒贾，有二青衣捧地黄酒出饮之，食顷而终。贾为出涕，竟不知其由。又明年，王、贾皆遘祸^⑪。噫！王以珍玩奇货为物之妖，信知言矣。徒知物之妖，而不知恩权隆赫^⑫之妖甚于物耶！冯以卑位贪宝货，已不能正其家，尽忠所事而不能保其身，斯亦不足言矣。贾之臧获^⑬害门客于墙庑^⑭之间而不知，欲终始富贵，其可得乎？此虽一事，作戒数端。

【注释】

①柳玭（pín）：字直清，唐代京兆华原（今陕西耀县）人。

②王相国涯：王涯，字广津，唐代太原人。

③掌利权：王涯任吏部尚书而掌管盐铁事务，掌握着国家财政大权。

④窦（dòu）氏女：指王涯嫁到窦家的女儿。

⑤女（rǔ）：通"汝"，你。

⑥妖物：不祥的东西。

⑦贾相竦（sù）：贾竦，字子美，唐代河南府（今河南洛阳）人，文宗年间曾拜相。

⑧苍头：奴仆，奴婢。

⑨勖（xù）：本意为勉强，此处引申为委婉地劝谏、劝勉。

⑩浃（jiā）旬：十天。

⑪遘（gòu）祸：遭到祸患。

⑫隆赫（hè）：显赫，显贵。

⑬臧（zāng）获：古代对奴婢的贱称。

⑭墙庑（wǔ）：指家里。庑，堂下周围的走廊、廊屋。

【原文】

王文正公①发解②、南省③、廷试④皆为首冠⑤，或戏⑥之曰："状元试三场，一生吃着⑦不尽。"公正色曰："曾⑧平生之志，不在温饱。"

【注释】

①王文正公：王曾，字孝先，宋代青州艺都（今属山东）人。

②发解（jiè）：唐宋时，应贡举合格者，谓之选人，由所在州郡发遣解送至京城参加礼部会试，称"发解"。

③南省：唐尚书省的别称。中书、门下、尚书三省皆在大内之南，而尚书省的位置更在其他两省之南，故称"南省"。此处指由隶属尚书省的礼部举行的会试。

④延试：科举制度，会试中式后，由皇帝亲自策问，在殿堂上举行的考试，又称"殿试"。

⑤首冠（guān）：第一。

⑥戏：开玩笑。

⑦吃着（zhuó）：吃穿。

⑧曾：王曾的自称。

【原文】

范文正公^①少有大节^②，其于富贵贫贱、毁誉^③欢戚^④，不一动其心，而慨然^⑤有志于天下。尝自诵^⑥曰："士当先天下之忧而忧，后天下之乐而乐也。"其事上^⑦遇^⑧人，一以自信^⑨，不择利害为趋^⑩舍。其有所为，必尽其方^⑪。曰："为之自我者，当如是^⑫。其成与否，有不在我者，虽圣贤不能必^⑬，吾岂苟^⑭哉？"

【注释】

①范文正公：范仲淹。

②大节：高远宏大的志向。

③毁誉：诋毁与赞誉。

④欢戚：欢乐与悲戚。

⑤慨（kǎi）然：慷慨激昂的样子。

⑥诵：讲述，诉说。

⑦事上：侍奉君主。

⑧遇：对待。

⑨一以自信：完全按照自己遵守的正道做事。

⑩趋（qǔ）：通"取"。

⑪必尽其方：竭尽全力践行正道。

⑫当如是：就该如此。

⑬必：一定，肯定。

⑭苟：苟且。

【原文】

司马温公①尝言：吾无过人②者，但③平生所为，未尝有不可对人言者耳。

【注释】

①司马温公：司马光。

②过人：超过别人，强于别人。

③但：只是。

【原文】

吕正献公①自少讲学，即以治心②养性③为本。寡④嗜欲⑤，薄滋味，无疾言遽色⑥，无窘步⑦，无惰容⑧。凡嬉笑俚近⑨之语，未尝出诸口。于世利纷华，声伎⑩游宴，以至于博弈⑪奇玩，淡然⑫无所好。

【注释】

①吕正献公：吕公著。

②治心：收束心志。

③养性：涵养天性。

④寡：不追求。

⑤嗜（shì）欲：嗜好和欲望。

⑥疾言遽（jù）色：言语粗暴，神色急躁。

⑦窘（jiǒng）步：窘急，步履匆忙。

⑧惰（duò）容：神情懒散，萎靡不振。

⑨俚（lǐ）近：通俗浅近。

⑩声伎（jì）：舞女歌姬。

⑪博弈（yì）：赌博和围棋。

⑫淡然：淡漠，不放在心上。

【原文】

明道先生①作字②时甚敬，尝谓人曰：非欲字好，即此是学。

【注释】

①明道先生：程颢。

②作字：写字。

【原文】

刘公①见宾客，谈论逾时②，体无欹侧③，肩背竦直④，身不少动，至手足亦不移。

【注释】

①刘公：刘世安，北宋魏（今河北大名）人。

②逾时：超过两个小时。

③欹（qī）侧：倾斜，歪斜。

④竦（sǒng）直：挺直。

【原文】

徐积仲车①初从安定胡先生②学，潜心力行③，不复仕进。其学以至诚为本，事母至孝。自言："初见安定先生，退，头容少偏。安定忽厉声云：'头容直④！'某因自思，不独头容直，心亦要直也。自此不敢有邪心。"卒谥节孝先生。

【注释】

①徐积仲车：徐积，字仲车。

②安定胡先生：胡瑗，字翼之，北宋泰州海陵（今江苏泰州）人。世居陕西路安定堡（今陕西子长县），创立理学安定学派，世称"安定先生"。

③潜心力行：专心学习，努力践行。

④头容直：头的姿势端正而不歪斜。

【原文】

柳玭①曰：高侍郎②兄弟三人，俱居清列③，非速④客不二羹胾⑤。夕食，龁⑥卜匏⑦而已。

【注释】

①柳玭：字直清，唐京兆华原（今陕西耀县）人。

②高侍郎：高锴（kǎi），唐代人。

③清列：高官。

④速：招致，邀请。

⑤羹胾（gēng zì）：羹汤和大块肉。胾，切成大块的肉。

⑥龁（hé）：吃，咬。

⑦卜匏（páo）：萝卜和葫芦。

【原文】

　　李文靖公①治居第②于封邱③门外，厅事④前仅容旋马⑤。或言其太隘⑥，公笑曰："居第当传子孙。此为宰辅⑦厅事诚隘，为太祝、奉礼厅事则已宽矣。"

【注释】

　　①李文靖公：李沆（hàng），字太初，谥文靖，北宋洺州肥乡（今属河北）人。

　　②居第：住宅。

　　③封邱：北宋都城城门的名称。

　　④厅事：厅堂，此处指私人住宅里的厅堂。

　　⑤旋马：调转马头。

　　⑥隘（ài）：狭窄，逼仄。

⑦宰辅：这里指宰相。

【原文】

张文节公①为相，自奉②如河阳掌书记③时。所亲或规之曰："今公受俸不少，而自奉若此，虽自信清约④，外人颇有公孙布被⑤之讥。公宜少从众⑥。"公叹曰："吾今日之俸，虽举家⑦锦衣玉食，何患不能？顾人之常情，由俭入奢易，由奢入俭难。吾今日之俸岂能常有，身岂能常存？一旦异于今日，家人习奢已久，不能顿俭，必至失所⑧。岂若吾居位去位、身存身亡，如一日乎？"

【注释】

①张文节公：张知白，字用晦，一字端甫，谥文节，北宋清池（今河北沧州）人。

②自奉：自己平时生活的供养。

③河阳掌书记：任职河阳节度判官。

④清约：清廉节约。

⑤公孙布被：汉代公孙弘被任命为丞相，生活却非常节俭，只盖布被子，每顿饭只吃一个肉菜。

⑥从众：服从大多数人的意见。

⑦举家：全家。

⑧失所：失去容身之所。

【原文】

温公^①曰：先公^②为群牧判官^③，客至，未尝不置酒^④。或三行^⑤，或五行，不过七行。酒沽^⑥于市，果止梨、栗、枣、柿，肴^⑦止于脯^⑧、醢^⑨、菜羹^⑩，器用瓷漆^⑪。当时士大夫皆然，人不相非^⑫也。会数而礼勤^⑬，物薄而情厚。近日士大夫家，酒非内法^⑭，果非远方珍异，食非多品，器皿^⑮非满案，不敢会宾友。常数日营聚^⑯，然后敢发书^⑰。苟^⑱或不然，人争非之，以为鄙吝^⑲，故不随俗^⑳奢靡^㉑者鲜矣。嗟乎！风俗颓弊如是，居位者虽不能禁，忍助之乎？

【注释】

①温公：即司马光。

②先公：去世的父亲。此处指司马光之父司马池。

③群牧判官：官职名，掌管国家公用之马匹。

④置酒：摆设酒宴。

⑤行：即巡，按次序斟酒一次，称为一巡。

⑥沽（gū）：买。

⑦肴（yáo）：做熟的鱼肉等。

⑧脯（fǔ）：肉干。

⑨醢（hǎi）：肉酱。

⑩菜羹（gēng）：用蔬菜做成的汤羹。

⑪瓷漆：陶瓷和漆器。

⑫非：批评，责怪。

⑬会数（shuò）而礼勤：多次相聚，并且礼节殷勤周到。

⑭内法：宫廷内酿酒的独特方法。

⑮皿（mǐn）：诸如碗、碟、杯、盘之类的器具统称。

⑯营聚：操持准备。

⑰书：请帖。

⑱苟：如果，假使。

⑲鄙吝：吝啬，过分爱惜财物。

⑳随俗：顺应习俗。

㉑奢靡（shē mí）：奢侈浪费。

【原文】

温公①曰：吾家本寒族②，世以清白相承。吾性不喜华靡③，自为乳儿④时，长者加以金银华美之服，辄羞赧⑤弃去之。年二十忝⑥科名。闻喜宴⑦独不戴花。同年⑧曰：君赐，不可违也。乃簪⑨一花。平生衣取蔽寒，食取充腹⑩。亦不敢服垢敝⑪以矫俗干名⑫，但顺吾性而已。

【注释】

①温公：司马光。

②寒族：寒微之家族。

③华靡（mí）：奢华奢靡。

④乳儿：小孩。

⑤赧（nǎn）：因羞愧而脸红。

⑥忝：常用作自谦词，有愧于。

⑦闻喜宴：唐朝制度，进士中式后，凑钱宴乐于曲江亭子，称曲江宴，亦称闻喜宴。

⑧同年：科举考试中同科登第之人的互称。

⑨簪（zān）：戴，插。

⑩充腹：吃饱，填饱肚子。

⑪服垢敝（gòu bì）：穿着破旧的衣服。

⑫矫俗干名：有心违背世俗而立异，以求取名声。

【原文】

汪信民①尝言："人常咬得菜根，则百事可做。"胡康侯②闻之，击节③叹赏。

【注释】

①汪信民：江革，字信民，北宋临川（今江西抚州）人。

②胡康侯：胡安国。

③击节：打节拍。

朱子治家格言

〔清〕朱柏庐　著

【原文】

黎明即起，洒扫庭除^①，要内外整洁。既昏便息，关^②锁门户，必亲自检点。一粥一饭，当思来处不易；半丝半缕，恒念物力维艰^③。宜未雨而绸缪^④，毋临渴而掘井。自奉必须俭约，宴客切勿留连。器具质而洁，瓦缶^⑤胜金玉。饮食约而精，园蔬愈珍馐^⑥。勿营华屋，勿谋良田。

【注释】

①庭除：庭院与台阶。

②关：门闩。

③恒念物力维艰：时常记住生产每一件东西是如何艰难。

④宜未雨而绸缪（chóu móu）：天还未下雨，就先把门窗修好，比喻提前做好准备。绸缪，修补。

⑤瓦缶（fǒu）：一种瓦器，小口大肚。

⑥珍馐（xiū）：美食。

【原文】

三姑^①六婆^②，实淫盗之媒；婢美妾娇，非闺房之福。奴仆勿用俊美，妻妾切忌艳妆。祖宗虽远，祭祀不可不诚。子孙虽愚，经书不可不读。居身务期质朴，教子要有义方^③。勿贪意外之财，勿饮过量之酒。

【注释】

①三姑：尼姑、道姑和卦姑。

②六婆：牙婆、媒婆、师婆、虔婆、药婆和稳婆。

③义方：行事应遵守的道德与规范，此处指儒家纲常伦理。

【原文】

与肩挑贸易，勿占便宜；见贫苦亲邻，须多温恤。刻薄成家，理无久享。伦常乖舛[①]，立见消亡。兄弟叔侄，须分多润寡[②]。长幼内外，宜法肃辞严。听妇言，乖骨肉，岂是丈夫？重资财，薄父母，不成人子。嫁女择佳婿，毋索重聘。娶媳求淑女，毋计厚奁[③]。

【注释】

①乖舛（chuǎn）：违背，背离。

②分多润寡：把多余的财富匀出一部分，分给财富少的人。

③厚奁（lián）：丰厚的嫁妆。

【原文】

见富贵而生谗容[①]者，最可耻。遇贫穷而作骄态者，贱莫甚。居家戒争讼，讼则终凶。处世戒多言，言多必失。毋恃势力而凌逼孤寡，勿贪口腹而恣杀牲禽。乖僻自是[②]，悔误必多。颓惰自甘[③]，家道难成。狎昵[④]恶少，久必受其累。屈志老成，急则可相依。轻听发言，安知非人之谮诉[⑤]，当忍耐三思。因事相争，安知非我之不是？须平心暗想。

【注释】

①谗容：谄媚讨好的样子。

②乖僻自是：行为乖戾却自以为是。

③颓惰自甘：颓废懒惰，不求上进，却自得其乐。

④狎昵（xiá nì）：过分亲近。

⑤谮（zèn）诉：诬蔑人的坏话。

【原文】

施惠勿念，受恩莫忘。凡事当留余地，得意不宜再往。人有喜庆，不可生妒忌心。人有祸患，不可生喜幸心。善欲人见，不是真善。恶恐人知，便是大恶。见色而起淫心，报在妻女。匿怨①而用暗箭，祸延子孙。

【注释】

①匿（nì）怨：暗地里对他人心怀怨念。

【原文】

家门和顺，虽饔①飧②不继，亦有余欢。国课③早完，即囊橐④无余，自得至乐。读书志在圣贤，非徒科第。为官心存君国，岂计身家。守分安命，顺时听天。为人若此，庶乎近焉⑤。

【注释】

①饔（yōng）：早饭。

②飧（sūn）：晚饭。

③国课：国家的赋税。

④囊橐（náng tuó）：口袋。

⑤庶乎近焉：就差不多了。

附

录

教童子法

〔清〕王筠

《礼记》，有"心丧三年"，是师与君父同也。乃世之教童子者，只可谓之猎食，而父兄为子弟延师，亦以其幼也，而延无知之师，曾不闻王介甫先入为主之说，是自误也：不敢望子弟为圣贤，亦当望子弟为鼎甲。

蒙养之时，识字为先，不必遽读书。先取象形指事之纯体教之。识"日""月"字，即以天上日月告之；识"上""下"字，即以在上在下之物告之：乃为切实。纯体字既识，乃教以合体字，又须先易讲者，而后及难讲者，讲又不必尽说正义，但须说入童子之耳，不可出之我口，便算了事。如弟子钝，则识千余字后，乃为之讲；能识二千字，乃可读书，读亦必讲。然所识之二千字，前已能解，则此时合为一句讲之；若尚未解，或并未曾讲，只可逐字讲之。

八九岁时，神智渐开，则四声、虚实、韵部、双声叠韵，事事都须教，兼当教之属对，且每日教一典故。才高者，全经及《国语》《国策》《文选》尽读之；即才钝，亦《五经》《周礼》《左传》全读之，《礼》《仪》《公》《穀》摘抄读之。才高者十六岁可以学文，钝者二十岁不晚。

初学文，先令读唐宋古文之浅显者。即令作论，以写书为主，不许说空话。以放为主，越多越好。但于其虚字不顺者，少改易之，以圈为主。等他知道文法而后，使读隆万文，不难成就也。

学生是人，不是猪狗。读书而不讲，是念藏经也，嚼木札也，钝者或俯首受驱使，敏者必不甘心；人皆寻乐，谁肯寻苦？读书虽不如嬉戏乐，然书中得有乐趣，亦相从矣。

读书一两年，即教以属对。初两字，三四月后三字，渐而加至四字，再至五字，便成一句诗矣。每日必使作诗，然要与从前所用之功，事事相反。前既教以四声，此则不论平仄；前既教以双声叠韵，此则不论声病；前既教以属对，此则不论对偶，三字句亦可，四字句亦可，五句也算一首，十句也算一首，但教以韵部而已。故初读诗，亦只读汉魏诗。齐梁以下，近律者不使读。吾乡非无高才，然作诗必律，律又多七言，七言又多咏物，通人见之，一开卷便是春草秋花等题目，知其外道也，掩卷不观矣。以放为主，以圈为主。等他数十句一首，而后读五七言律，束之以属对声病不难也。

诗题颇难，必古人集中所有之题，乃可使学子作。忆袁子才《诗话》，言某人集中有《书中乾胡蝶》诗，大以为笑。我尝见此集，工夫极好。只是耳目蔽塞，咏物诗本不宜多作，然杜工部《花鸭》《苦竹》等诗，寓意深远，又何尝不好！吴梅村《莲篷人》《桃核船》等诗，则不如不作矣。我见何子贞太史教其侄作诗，题目皆自撰，以目前所遇之事为题，是可法也。时下题难得，则教以《文选》咏史诸篇，而所读之书，无往非题矣。咏物题太小，与画折枝草虫一般，枉费气力，如有孝子慈孙，以示操选政者，其入选也仅矣。此亦由师不知是魔道，未尝告之而然。

凡每日属对，必相其本日所读，有可对者，而后出之，可验其敏钝；即或忘之，亦教责之而无词也。

小儿无长精神，必须使有空闲，空闲即告以典故，但典故有死有活。"死典故"，日日告之。如：《十三经》何名？某经作注者谁？作疏者谁？《二十四史》何名？作之者姓名？日告一事，一年即有三百六十事。师虽枵腹，能使弟子作博学矣。如闻一典，即逢人宣扬，此即有才者，然间三四日，必须告以"活典故"。如问之曰："两邻争一鸡，尔能知确是某家物否？"能知者即大才矣。不能知而后告以《南史》（忘出何人传中）：先问两家饲鸡，各用何物，而后剖嗉验之。弟子大喜者，亦有用人也，自心思长进矣。

今之教者，弟子入学，视为废才，到十三四岁则又视为天才，何也？书不取其多、不取其熟、不取其解，但念藏经而已，是废才也；忽然十余岁，便使之作文，岂有生而知作文者乎？是天才也。然其教以文也，仍以废才教之，曰"读二十艺、三十艺"，然以一字不讲之胸，即读俗不可耐之文，庸能解乎？费尽师傅蛮力，使之能解，钝者终身于此，芹不可掇。敏者别读佳文。夫费数年之功以粪浸灌其心，又费数年之功以洗濯其粪，何如不浸而无庸洗之为愈乎！且此乃俗语"鬼扯腿"之说也：当应读书之时，不多读、不勤讲，而以时文爝乱之，是文扯书之腿也；当应学文之时，又念经书不熟不解，无作料光彩，则又欲温习，此经扯文之腿也。意不两锐，事不并隆，何如分致其功之为愈乎！

作诗文必须放。放之如野马，蹞跳咆嗥，不受羁绊，久之必自厌而收束矣。此时加以衔辔，其俯首乐从。且弟子将脱换时，其文必变而不佳，此时必不可督责之，但涵养诱掖，待其自化，则文境必大进。譬如蚕然，其初一卵而已，渐而有首有身，蠕蠕然动，此时胜于卵也；至于作茧而蛹，又复块然，此时不如蚕也；徐俟其化而为蛾，则成矣。作文而不脱换，终是无用才也。屡次脱换，必能成家者也。若遇钝师，当其脱换而夭阏之，则戚矣。诸城王木舟先生（名中孚，乾隆庚辰会元）十四岁入学，文千余字；十八岁乡魁第四，文七百字；四十岁元，文不足六百字矣。此放极必收之验也。

识字必裁方寸纸，依正体书之，背面写篆独体字，非篆不可识，合体则可略。既背一授，则识此一授之字，三授皆然。合读三授，又总识之。三日温书，亦仿此法。勿惮烦，积至五十字作一包。头一遍温，仍仿此法。可以无不识者矣，即逐字解之。解至三遍，可以无不解者矣，而后令其自解。每日一包。此无上下文，必须逐字解到苗实，异日作文，必能逐字嚼出汁浆，不至滑过。既能解，则为之横解：同此一字，在某句作何解，在某句又作何解，或引伸，或假借，使之分别划然，即使之展转流通也。

教弟子如植木，但培养浇灌之；令其参天蔽日；其大本，可为栋梁，即其小枝，亦可为小器具。今之教者，欲其为几也，即曲折其木以为几，不知器是做成的，不是生成底，迨其生机不遂，而夭阏以至枯槁，乃犹执夏楚而命之，曰："是弃材也，非教之罪也。"呜乎，其果无罪耶？

佳弟子多有说不出口底苦，为父兄者亦曾念及乎？督责以时文、排律，白折红行，捷南宫，入翰苑，父兄泰然以为善教矣！敷奏一事，则时文之法，不能达其所见也，自恨读史之不早也；公燕分体赋诗，则排律嗫嚅之词，不足道其情也，自恨《文选》之未见也。且有不知自恨者，侥幸主持文衡，不知《四书》有《汪氏大全》《陆氏大全》《王氏汇参》也，而调取至愚极陋之体注，遇典故则使房官检查，不知典籍浩如烟海，绝无主名，何处检也？又不知诗、经文，或作赋，或作四六，皆才人之笔，而以为文体不正。遇有知者，一屋为笑矣。不知早教以读书，则古文正有益于时文，至于出丑败坏，屈抑多士，岂非父兄之教不先乎？

截得断，才合得拢。教子者，总要作今年读书，明年废学之见，则步步着实矣。识字时，专心致志于识字，不要打算读经；读经时，专心致志于读经，不要打算作文。然所识之字，经不过积字成句，积句成章也。所读之经，用其义于文，为有本之文；用其词于文，亦炳蔚之文也。如其牵肠挂肚，瞻前顾后，欲其双美，反致两伤矣。

《蒿庵闲话》曰："历城叶奕绳，尝言强记之法，云：'某性甚钝，每读一书，遇意所喜好，即札录之，录讫，乃朗诵十余遍，粘之壁间，每日必十余段，少亦六七段；掩卷闲步，即就壁间观所粘录，日三五次以为常，务期精熟，一字不遗；粘壁既满，乃取第一日所粘者收箧中，俟再读有录，补粘其处，随收随补，岁无旷日，一年之内，约得三千段，数年之后，腹箧渐富。每见务为泛览者，略得影响而止，稍经时日，便成枵腹，不如予之约取而实得也。'"

又曰："邢懋循尝言：其师教之读书，用'连号法'：初日诵一纸，次日又诵一纸，并初日次日所诵，诵之三日，又并初日次日所诵诵之，如是渐增引至十一日，乃除去初日所诵，每日皆连诵十号，诵至一周，遂成十周，人即中下，亦无不烂熟矣。又拟题目若干道书签上，贮之筒，每日食后，拈十签，讲说思维，令有条贯，逮作文时，遂可不劳余力。"

沂州张先生筠之父执李荆原（名轸映），先生师也。尝言从学时，每日早饭后，辄曰："各自理会去！"弟子皆出，各就陇畔畦间；比反，各道其所理者何经何文，有何疑义，张先生即解说之。吾安丘刘川南先生（名其旋），十余岁时，师为之讲书数行，辄请曰：如此，则举某章反背。师令退思之而复讲，如是者，每日必有之，半年后，师遂不穷于答问，是谓教学相长。然此等高足，那可多得！故为弟子讲授，必时时诘问之，令其善疑，诱以审问，则其作文时，必能标新领异，剥去肤词。

泰安赵仁甫相国（名国麟），作一讲时文书（忘其名，亦未见其书），凡十二卷：泰安刻九卷，济宁知州徐树人

（名宗干）补刻三卷。闻泰安人初宗法之，以致数十年无捷南宫者，遂弃之。我以意揣之，必因仁甫先生于每种题，皆录成宏正嘉文以为式，从而学成宏，以不中也。可谓痴绝。规矩者，巧之所从出也。得规矩而失其巧，于义何居焉？试问仁甫领乡荐、捷南宫之文，岂皆成宏体乎？然必选成宏者，其文无支蔓，规矩易见，故以为式。欲其穷思毕精、驰骋于规矩之中，非欲其憔悴枯槁、窘束于规矩之中也。时文行已五百年，穷极才思。尚怵他人之我先，而乃袭先正之貌，落孙山之外，反咎仁甫之作法于凉，岂不谬乎！今日者，如得其书甚善；不然者，亦必胪列数十种题目，上书其名，下书其题以实之（如顺纲题，吾日三省章；倒纲题，贤贤易色章；横担题，雍也可使南面章；过脉题，上老老三句），使弟子知题有种族，即各有作法，不致临时惶惑。安邱有名解元某，其入学覆题"视思明九句"，遂作九股，几被斥革，再覆试一次而已，岂非师之过乎？夫门扇题，题之最易知者也，然两扇作两股，三扇之第三股，已有前半股，对上二股，后半股即不必对者，况四扇仍有板作四股者，五扇以下，必不行矣。此之不教，何以为师？

考试不必早。凡功名无论大小，得之必学业长进。若已有二等本领，而后入学，一经长进，则可中矣。若绝无根柢，幸而入学，即长进，亦三等也，三等既久，使甘心以阘冗自居，岂不误一生乎！

学字亦不可早，小儿手小骨弱，难教以"拨镫法"，八九岁不晚。学，则学《玄秘塔》《臧公碑》之类，不可学小字。大有三分好，缩小，便五分好也。不可学赵，他字有媚骨，所以受元聘。犹之近人作七言转韵古诗，对偶工整，平仄谐和，不以为病，一韵到底者乃忌之，所藉口者王右丞也。然此人亦有媚骨，进身则以《郁轮袍》，国破即降安禄山。虽唐人不讲节义，然李、杜、高、韦，何家不可学？必学降人乎？我所最爱者，《铁像颂》。苏灵芝字品不高，（其结体似即松雪所从出，惟少媚骨耳！）故其换笔处，易于寻求。既如"无"字，他底三横四直，其换笔之痕迹俱在，于我有益，故喜之也。最不喜者，虞永兴《夫子庙堂碑》，尚出颜柳诸贤之上，其换笔皆在空际，落纸则只是平铺，我若学之必极板作算盘珠矣。近人学之成家者，惟见李春湖先生（名宗瀚）耳。寿陵余子，不可学步邯郸也。初学文者，大题当读小名家，亦是此意。小题则必读大家，省了诸般丑态，又不可用此法也。

又有急救良方：吾乡有秀才，家贫，须躬亲田事，暇即好樗蒲，然其作文则似乎不释卷者。或问其故。则曰："我有二十篇熟文，每日必从心里过一两遍。"（不可出声，若只是从唇边过，则不济事。）

入学后，每科必买直省乡墨，篇篇皆使学子圈之抹之，乃是切实工夫。工夫有进步，不防圈其所抹，抹其所圈。不是圈他抹他，乃是圈我抹我也。即读经书，一有所见，即写之书眉，以便他日涂改；若所读书，都是干干净净，绝无一字，可知是不用心也。

桐城人传其先辈语曰："学生二十岁不狂，没出息；三十岁犹狂，没出息。"

孔子善诱。孟子曰，教亦多术。故遇笨拙执拗之弟子，必多方以诱之。既得其机之所在，即从此鼓舞之，蔑不欢欣，而惟命是从矣。若日以夏楚为事，则其弟固苦，其师庸乐乎？故观其弟子欢欣鼓舞，侈谈学问者，即知是良师也。若疾首颦蹙，奄奄如死人者，则笨牛也，其师将无同？

人之才不一，有小才而锋颖者，可以取快一时，终无大成就；有大才而汗漫者，须二十年功，学问既博，收拢起来，方能成就，此时则非常人所及矣，须耐烦。

功名、学问、德行，本三事也，今人以功名为学问，几几并以为德行。教子者当别出手眼，应对进退，事事教之；孝弟忠信，时时教之；讲书时，常为之提唱正史中此等事，使之印证，且兼资博洽矣。学问既深，坐待功名，进固可战，退有可守。不可痴想功名，时文排律之外，一切不学。设命中无功名，则所学者无可以自娱，无可以教子，不能使乡里称善人，士友称博学。当此时，回想数十年之功，何学不就？何德不成？今虽悔恨而无及矣！不已晚乎？

律赋以徐、庾为正宗。《醴陵集》不知有注本否？《子山集》注本二，其一佳，我忘其名，检《四库全书简明目录》，即知之。章岂续（名藻功，康熙中翰林，著《思绮堂文集》）论四六文曰：惟唐工丽，得无尚少机神；若宋流通，或且疑于浅率。又曰："吴园次班香宋艳，接但短兵；（吴所著《林蕙堂集》，我甚爱之，与时下风气亦合。）陈其年陆海潘江，穿如末弩。"（陈检讨《四六文集》有注本，所用典故，重复拉杂，我亦不喜。）是章氏于当时名家，皆不许可，然《思绮堂集》亦近日翰林诸老所谓不在行者，以其似有韵之文也。近刻《八家四六文集》，似吴谷人、袁子才两家为最，而吴尤当行出色，赋固以细腻见长也。朱虹舫先生（名方增）大考第一，《八月其获赋》足与律赋偶。笺中储麟趾《九日登高赋》，媲美老笔也。大约细腻波峭，是今日当行，不宜作长篇也。不要长枪大剑。六朝体，小场不废，翰苑不宜。

我幼年所受之苦，附书于此。读《四书》时，见《大学》《中庸》注，皆题朱某"章句"，《论语》则多用朱某"集注"，不知古人注书，多名"章句"；又不知《学》《庸》是古注粗疏，朱子创为此注，则名"章句"，《论语》则多用前贤说，故名"集注"也；又不知"注""註"是古今字，转以"註"字为正，不敢问之师也。读《诗经》时，见《国风》一，不知下有《小雅》二、《大雅》三、《颂》四；又曰《周南》一之一，不知上"一"字承《国风》一，下"一"字对下《召南》一之二至《豳》一之十五言也，直以为吃语而已，亦不敢问之师也。读《周易》时，见二程子序，当时虽不知朱子乃程子再传弟子，无由为朱子作序，然疑《四书》《诗经》皆朱子自作序，此何以他人作序也？朱注《周易》一段末云："今乃定为经二卷，传十卷。"核其卷数，固不符。不知朱子《本义》，本连书于程子《易传》之后，述而不作，故谦而不再作序。朱子定本，是文王《彖辞》，周公《爻辞》（二者，皆所谓《系辞》也。上画"乾卦"，下系以"乾，元亨利贞。"乾者，谓此六阳画，名曰乾也。元亨利贞者，占也。初九潜龙勿用者，周公系爻下之辞也。初者，此爻最初也。九者，阳爻名九也。潜龙者，象也。勿用者，占也。父统子业，故文王、周公所系之词，合而序之。而别以上经、下经者，乾、坤、坎、离，皆纯卦对待之象，水火者，天地之大用也；咸、恒、既济、未济，皆合卦流行之象，水火者，人身之大用也，故分两篇。既云初九，不云终九，而云上九者，此云上，则初在下矣，欲人知爻自下而上也。）分两篇居首，孔子自作者，退处于后，不敢搀杂先圣之文，圣人之谦也。（然实不敢搀杂。爻词多有韵，以《小象》搀之，则失其韵，此犹是小事。如"自天祐之，吉，无不利。"此承"厥孚，交如，威如，吉。"而终言之，乃合两爻为一爻。《小象》无一无韵者，其文义亦有衔接者，何可搀杂？）

曰《彖上》《彖下》《象上》《象下》《系辞上》《系辞下》《文言》《说卦》《序卦》《杂卦》，谓之《十翼》。（《汉书艺文志》："《易经》十二篇。"颜师古曰："上下经及《十翼》，故十二篇，而《史记》则谓之《易大传》。"案：《大传》《十翼》两名，与上下经同，皆后人所指名。孔子时，谓之《易》，不谓之《易经》；谓之《彖》《象》，不谓之《彖传》《象传》。吕东莱于《十翼》，皆加一"传"字，非古也。彖者，释伏羲之卦画及文王所系之词也，亦多不释卦画者，故曰《彖上》《彖下》，谓此所释者"彖"，非自名所作为彖也。象者，释卦之上下两象及周公所系之爻辞也。通谓之象者，卦有象，六爻亦各有其象也。《系辞》上下，则通释文王周公所系之辞，然释其义，而不释其词，故无所附丽，而自分上下。古人所作本有名，而后人别为之名者，如《潜夫论》曰："尹吉甫作'崧颂'二篇，其诗曰：'于邑于谢，南国是式。'"此出《崧高篇》，然云二篇，则兼《烝民》言之，是合此二篇，谓之"崧颂"也。《说文》引杨雄赋"响若氏隤"，此《解嘲》文也，而谓之赋。故《易经》但当云"象上"云云，不可加"翼"字"传"字。）

《御纂周易折中》，即用朱子旧本也。明永乐时，苏州府教授（忘此妄人之名矣），删程《传》，专用《本义》。朱子曰："程《传》备矣者。"始录《传》于后，而《序卦传》之程《传》，本分冠于各卦之首，他不知合录于本篇，遂致《序卦》无一字注解。我虽疑之，亦不敢问也。惟十一岁从王惺斋师（名朝辂），事事皆讲，遂知用心，以有今日。夫此等可疑之事，皆属皮毛，不关大体，尚无训诲者，令我独感惺斋师。愿天下之为师者，各为其"心丧三年"计也。

我曾看俞氏所选《百二名家》，是时胸中尚无泾渭，不能知其根柢所从出，派别所由分，看亦无益，是呆工夫也。王罕皆选《程墨所见集》则当看古人实功。今人不肯用，但看其文，知其路径，得其皮毛，足以标异矣。其中一题数篇者，先看其题，无不解也，看三四遍，始解其制局命意之所在，恍然曰：我今乃解此矣。又看一篇，则又不知所云，看三四遍，而后恍然曰：此题又有此制度也。每看一遍皆然，虽不能学，然亦必无肤泛语矣。

藏法于理者，上也；以法运理者，次也。上不如次，有目共见。法莫巧于隆万，但去其扭捏可厌一种，学其钩心斗角，花攒锦簇，骗得功名到手，何书不可读？必欲以时文名家，则骇矣。时文已被前人做尽，是以顾耕石《会墨》（君子喻于义节），并非题之正解，然今人一看知其于从前此题名作，都已见过，他又别发一义也。盖古人所作，自道其得；今人所作，如随风败叶，不但身心性命国计民生全没交涉，即用为谈资，亦令人欲呕也。

或精团气聚，或鲜花嫩柳，或流利蓬勃，无不售者；古淡艰深，皆自取其祸；乔坐衙者（天地人三股，五经五股，尤王体之类），更无论矣。

家诫要言

〔明〕吴麟徵

进学莫如谦，立事莫如豫，持己莫若恒，大用莫若畜。

毋为财货迷，毋为妻子蛊，毋令长者疑，毋使父母怒。

争目前之事，则忘远大之图；深儿女之怀，便短英雄之气。

多读书则气清，气清则神正，神正则吉祥出焉，自天祐之；读书少则身暇，身暇则邪间，邪间则过恶作焉，忧患及之。

通三才之谓儒，常愧顶天立地；备百行而为士，何容恕己责人？

知有己不知有人，闻人过不闻己过，此祸本也。故自私之念萌，则铲之；谗谀之徒至，则却之。

邓禹十三杖策干光武，孙策十四为英雄，所忌行步殆不能前。汝辈碌碌事章句，尚不及乡里小儿。人之度量相越，岂止什佰而已乎！

师友当以老成庄重、实心用功为良，若浮薄好动之徒，无益有损，断断不宜交也。

方今多事，举业之外，更当进所学。碌碌度日，少年易过，岂不可惜？

秀才本等，只宜暗修积学，学业成后，四海比肩。如驰逐名场，延揽声气，爱憎不同，必生异议。

秀才不入社，作官不入党，便有一半身分。

熟读经书，明晰义理，兼通世务。世乱方殷，八股生活，全然冷淡。

农桑根本之计，安稳著数，无如此者。

诗酒声游，非今日事。

才能知耻，即是上进。

鸟必择木而栖，附托非人者，必有危身之祸。

见其远者大者，不食邪人之饵，方是二十分识力。

男儿七尺，自有用处，生死寿夭，亦自为之。

语云：身贵于物。汲汲为利，汲汲为名，俱非尊生之术。

人心止此方寸地，要当光明洞达，直走向上一路。

若有龌龊卑鄙襟怀，则一生德器坏矣。

立身无愧，何愁鼠辈？

打扫光明一片地，囊贮古今，研究经史，岂可使动我一念。此七字真经也。

功名之上，更有地步，义利关头，出奴入主，间不容发。

少年作迟暮经营，异日决无成就。

少年人只宜修身笃行，信命读书，勿深以得失为念，所谓得固欣然，败亦可喜。

对尊长全无敬信，处朋侪一味虚骄，习惯既久，更一二十年，当是何物？

交游鲜有诚实可托者，一读书则此辈远矣，省事省罪，其益无穷。

人品须从小作起，权宜苟且诡随之意多，则一生人品坏矣。

制义一节，逞浮藻而背理害道者比比，大抵皆是年少，姑深抑之。吾所取者，历练艰苦之士。

多读书达观今古，可以免忧。

立身作家读书，俱要有绳墨规矩，循之则终身可无悔尤。我以善病，少壮懒惰，一旦当事寄，虽方寸湛如，而展拓无具，只坐空疏卤莽，秀才时不得力耳。

迩来圣明向学，日夜不辍，讲官蒙问，虽多不能支。东宫亦然。一日宫中有庆暂假，皇上语阁臣曰："东宫又荒疏四五日矣。"汝辈一月潜心攻苦，能有几日？欲望学问之成，难矣！

士人贵经世，经史最宜熟。工夫逐段作去，庶几有成。

器量须大，心境须宽。

切须鼓舞作第一等人句当。

真心实作，无不可图之功。

竹帛青史，岂可让人！

不合时宜，遇事触忤，此亦一病。多读书则能消之。

忠信之礼无繁，文惟辅质；仁义之资不匮，俭以成廉。

海内鼎族，子姓繁多，为之督者，其气象宽衍疏达，有礼法而无形畛，有化导而无猜刻，故一人笃生，百世荑郁，以酝酿深而承藉厚也。水清无鱼，墙薄亟裂。车鉴不远，尚其慎旃！

莫道作事公，莫道开口是，恨不割君双耳朵，插在人家听非议；莫恃筑基牢，莫恃打算备，恨不凿君双眼睛，留在家堂看兴废。

家之本在身，佚荡者往往取轻奴隶。

家用不给，只是从俭，不可搅乱心绪。

四方兵戈云扰，乱离正甚，修身节用，无得罪乡人。

疾病只是用心于外，碌碌太过。

家门履运，正当蹇剥，跬步须当十思。

处乱世与太平时异，只一味节俭收敛，谦以下人，和以处众。

生死路甚仄，只在寡欲与否耳。

水到渠成，穷通自有定数。

治家舍节俭，别无可经营。

待人要宽和，世事要练习。

四方衣冠之祸，惨不可言，虽是一时气数，亦是世家习于奢淫不道，有以召之。若积善之家，亦自有获全者。不可不早夜思其故也。

忧贫言贫，便是不安分，为习俗所移处。

孤寡极可念者，须勉力周恤。

近来运当百六，到处多事。行过东齐，往往数百里绝人烟，缙绅衣冠之第，仅存空舍。河南尤惨，一省十亡八九。江南号为乐土，近亦稍稍见端，后忧患更不可测。

凡事循省，收敛节俭，惜福惜财，多行善事，勿苟图利益，勿出入县门，勿为门客家奴所使，勿饱食安居晏寝，自鸣得意。

厚朋友而薄骨肉，所谓务华绝根，非乎？戒之，戒之！

世变日多，只宜杜门读书，学作好人，勤俭作家，保身为上。

早完钱粮，谨持门户。

儿曹不敢望其进步，若得养祖宗元气，于乡党中立一人品，即终身村学究，我亦无憾。浮华鲜实，不特伤风败俗，亦杀身亡家之本。文字具第二义也。

人情物态，日趋变怪，非礼义法纪所能格化，宜早自为计。

若身在事内，利害不容预计，尽我职分，余委之天而已。

陈白沙先生云："吾侪生分薄于福，敢求全？"三复斯言，自可不肉而肥。

家业事小，门户事大。

人心日薄，习俗日非，身入其中，未易醒寤。但前人所行，要事事以为殷鉴。

恶不在大，心术一坏，即入祸门。

姻事只择古旧门坊、守礼敦实之家，可无后患。

本根厚而后枝叶茂，每事宽一分即积一分之福。揆之天道，证之人事，往往而合。

遇事多算计，较利悉锱铢，其过甚小，而积之甚大，慎之，慎之。

茹荼历辛，自是儒生本色，须打清心地以图大业，万勿为琐琐萦怀。

一念不慎，败坏身家有余。

世变弥殷，止有读书明理，耕织治家，修身独善之策。

即仕进二字，不敢为汝曹愿之，况好名结交、嗜利召祸乎！

游谈损德，多言伤神，如其不悛，误已误人。

官长之前，止可将敬，不可逐膻。

居今之世，为今之人，自己珍重，自己打算，千百之中，无一益友。

俗客往来，劝人居积，谀人老成，一字入耳，亏损道心，增益障蔽，无复向上事矣。

童子礼

〔明〕屠义时

　　《易》曰："蒙以养正，圣功也。"而养正莫先于礼。盖人之自失其正，以自外于圣人之途者，率以童幼之年，不闻礼教。则耳目手足，无所持循；作止语默，无所检束。及其既长，沿习偷安，徇情任气，如已决之水，不可堤防，已放之条，不可盘郁，何所不至哉！是故朱子《小学》，必先洒扫、应对之节。程子谓即此便可达天德，信非诬也。世之父兄，既以姑息为恩，而为之师者，日役役焉以课程为急。故一切礼教，废搁不讲，童蒙何赖焉？兹本《曲礼》《内则》《少仪》《弟子职》诸篇，附诸儒训蒙要语，辑为《童子礼》。

　　晨兴，即当盥栉以饰容仪。凡盥面，必以巾帨遮护衣领、卷束两袖，勿令沾湿。栉发，必使光整，勿散乱，但须敦尚朴雅，不得为市井浮薄之态。

　　凡著衣，常加爱护。饮食须照管，勿令点污；行路须看顾，勿令泥渍。遇服役，必去上服，只着短衣，以便作事。有垢、破，必洗浣、补缀，以求完洁。整衣欲直，结束欲紧，毋使偏斜宽缓。上自总髻，下及鞋履，加意修饰，令与"礼容"相称。其燕居盛暑时，尤宜矜持，不得袒衣露体。

凡叉手之法，以左手紧把右手大拇指。其左手小指向右手腕，右手四指皆直。以左手大指向上，以右手掩其胸。手不可太着胸，须令稍离方寸。

凡揖时，稍阔其足，则立稳。须直其膝、曲其身、低其首，眼看自己鞋头，两手圆拱而下。凡与尊者揖，举手至眼而下；与长者揖，举手至口而下；与平交者揖，举手当心而下。手随身起，叉于当胸。

凡下拜之法，一揖少退，再一揖，即俯伏，以两手齐按地。先跪左足，次屈右足，顿首至地，即起。先起右足，以双手齐按膝上，次起左足，仍一揖而后拜。其仪度以详缓为敬，不可急迫。

低头拱手，稳下双膝。腰当直竖，不可蹲踞，以致恭敬。

凡立，须拱手正身，双足相并。必顺所立方位，不得歪斜。若身与墙壁相近，虽困倦，不得倚靠。

凡坐，须定身端坐，敛足拱手。不得偃仰倾斜，倚靠几席。如与人同坐，尤当敛身庄肃，毋得横臂，至有妨碍。

凡走，两手笼于袖内，缓步徐行。举足不可太阔，毋得左右摇摆，致动衣裙。目须常顾其足，恐有差误。登高必用双手提衣，以防倾跌。其掉臂跳足最为轻浮，常宜收敛。

凡童子常当缄口静默，不得轻忽出言。或有所言，必须声气低平，不得喧聒。所言之事，须真实有据，不得虚诳。亦不得亢傲訾人及轻议人物长短。如市井鄙俚、戏谑无益之谈，尤宜禁绝。

凡视听，须收敛精神，常使耳目专一。目看书，则一意在书，不可侧视他所。耳听父母训诫与先生讲论，则一意承受，不可杂听他言。其非看书、听讲时，亦当凝视收听，毋使此心外驰。

凡饮食，须要敛身离案，毋令太逼。从容举箸，以次着于盘中，毋致急遽，将肴蔬拨乱。咀嚼毋使有声，亦不得恣所嗜好，贪求多食。安放碗箸，俱当加意照顾，毋使失误堕地。非节假及尊长命，不得饮酒；饮，亦不过三爵。

以上初检束身心之礼。

以木盘置水，左手持之，右手以竹木之枝轻洒堂中。先洒远于尊长之所，请尊长就止其地，然后以次遍洒。毕，方取帚于箕上，两手捧之。至当扫之处，一手执帚，一袖遮帚，徐步却行，不使尘及于尊长之侧。扫毕，敛尘于箕，出弃他所。

凡尊长呼召，即当随声而应，不可缓慢。坐，则起；食在口，则吐。地相远，则趋而近其前。有问，则随事实对，且掩其口。然须听尊长所问，辞毕方对，毋先从中错乱。对讫，俟尊长有命，乃复原位。

凡见尊长，不命之进不敢进，不命之退不敢退。进时当鞠躬低首，疾趋而前。其立处，不得逼近尊长，须相离三四尺，然后拜揖。退时亦疾趋而出，须从旁路行，毋背尊长。且当频加回顾，恐更有所命。如与同列共进，尤须以齿为序。进则鱼贯而上，毋得越次紊乱。退则席卷而下，毋得先出偷安。

夏月侍父母，常须挥扇于其侧，以清炎暑及驱逐蝇蚊。冬月，则审察衣被之厚薄，炉火之多寡，时为增益，并候视窗户罅隙，使不为风寒所侵。务期父母安乐方已。

十岁以上，侵晨先父母起。梳洗毕，诣父母榻前，问夜来安否。如父母已起，则就房先作揖，后致问。问毕，仍一揖退。昏时，候父母将寝，则拂席整衾以待。已寝，则下帐闭户而后息。

家庭之间，出入之节最所当谨。如出赴书堂，必向父母兄姊之间肃揖告出。午膳与散学时，入必以次肃揖，然后食息。其在书堂时，或因父母呼唤有所出入，则必请示询问先生，许出方出，不得自专。至入书堂，虽非作揖常期，亦必肃揖，始可就坐。

凡进馔于尊长，先将几案拂拭，然后双手捧食器置于其上。器具必干洁，肴蔬必序列。视尊长所嗜好而频食者，移近其前。尊长命之息，则退立于傍。食毕，则进而撤之。如命之侍食，则揖而就席。食必随尊长所向，未食不敢先食，将毕则急毕之。俟其置食器于案，亦随置之。

凡侍坐尊长，目则常敬候颜色，耳则常敬听言论，有所命则起立。尊长有倦色，则请退。有请与尊长独语，则屏身于他所。

侍尊长行，必居其后。不可相远，恐有所问。有问，则稍进于左右，以便应对。目之瞻视，必随尊长所向。有所登陟，则先后扶持之。与之携手而行，则以两手捧而就之。遇人于途，一揖即别，不得舍尊长而与之言。

凡遇尊长于道，趋进肃揖。与之言则对，命之退，则揖别而行。如尊长乘车马，则趋避之。或名分相悬，不为已下车马者，则拱立道旁，以俟其过。

凡尊长有所事，不必待其出命，即当趋就其旁，致敬服役。如将坐，则为之正席、拂尘。如侍射与投壶，则为拾矢、授矢。如盥洗，则为之捧盘、持帨。夜有所往，则为之秉烛前导。如此之类不可尽举，但当正容专志，毋使怠慢差错。

以上入事父兄、出事师尊通行之礼。

受业于师，必让年长者居先，序齿而进。受毕，肃揖而退。其所受业，或未通晓，当先叩之年长，不可遽渎问于师。如欲请问，当整衣敛容，离席前告曰：某于某事未明，某书未通，敢请。先生有答，即宜倾耳听受。答毕，复原位。

端身正坐，书籍笔砚等物，皆令顿放有常。其当读之书、当用之物，随时从容取出，不得信手翻乱。读用已毕，复置原所，毋使参错。其借人书物，当置簿登记，及时取还，毋致遗失。

凡先生有宾客至，弟子以次序立。俟先生与客为礼毕，然后向上肃揖。客退，仍肃揖送之。先生与客命无出门，即各入位凝立，俟先生返；命坐，则坐。若客与诸生中有自欲相见者，亦必俟与先生为礼，乃敢作揖，退亦不得远送。非其类者，勿与亲狎。

凡读书，整容、定心、看字、断句、慢读，务要字字分晓。毋得目视他处，手弄他物。仍须细记遍数。如遍数已足而未成诵，必欲成诵。遍数未足，虽已成诵，必满遍数。犹逐日带温，逐旬、逐月通理，以求永久不忘。

凡写字，未问工拙，切要专心把笔，务求字画严整。毋得轻易急惰，致有潦草、欹斜并差落、涂注之病。研墨、放笔，毋使有声及溅污于外。其戏书砚面及几案上，最为不雅，切宜戒之。

以上书堂肄业之礼。

小儿语

〔明〕吕得胜

四言

一切言动，都要安详。十差九错，只为慌张。

沉静立身，从容说话。不要轻薄，惹人笑骂。

先学耐烦，快休使气。性躁心粗，一生不济。

能有几句，见人胡讲。洪钟无声，满瓶不响。

自家过失，不消遮掩。遮掩不得，又添一短。

无心之失，说开罢手。一差半错，那个没有？

宁好忍错，休要说谎。教人识破，谁肯作养？

要成好人，须寻好友。引酵若酸，那得甜酒？

与人讲话，看人面色。意不相投，不须强说。

当面证人，惹祸最大。是与不是，尽他说罢。

造言起事，谁不怕你。也要提防，王法天理。

我打人还，自打几下。我骂人还，换口自骂。

既做生人，便有生理。个个安闲，谁养活你？

世间生艺，要会一件。有时贫穷，救你患难。

饱食足衣，乱说闲耍。终日昏昏，不如牛马。

担头车尾，穷汉营生。日求升合，休与相争。

兄弟分家，含糊相让。子孙争家，厮打告状。

强取巧图，只嫌不彀。横来之物，要你承受。

六言

儿小任情娇惯，大来负了亲心。费尽千辛万苦，分明养个仇人。

世间第一好事，莫如救难怜贫。人若不遭天祸，舍施能费几文？

乞儿口干力尽，终日不得一钱。败子羹肉满桌，吃着只恨不甜。

蜂蛾也害饥寒，蝼蚁都知疼痛。谁不怕死求活？休要杀人害命。

自家认了不是，人可不好说你。自家倒在地下，人再不好跌你。

气恼他家富贵，畅快人有灾殃。一些不由自己，可惜坏了心肠。

杂言

老子终日浮水，儿子做了溺鬼。老子偷瓜盗果，儿子杀人放火。

休着君子下看，休教妇人鄙贱。

人生丧家亡身，言语占了八分。

任你心术奸险，哄瞒不过天眼。

使他不辩不难，要他心上无言。

人言未必皆真，听言只听三分。

休与小人为仇，小人自有对头。

干事休伤天理，防备儿孙辱你。

你看人家妇女，眼里偏好；人家看你妇女，你心偏恼。

恶名儿难揭，好字儿难得。

大嚼多噎，大走多蹶。

为人若肯学好，羞甚担柴卖草。为人若不学好，夸甚尚书阁老。

慌忙到不得济，安详走在头地。

话多不如话少，语少不如语好。

小辱不肯放下，惹起大辱倒罢。

天来大功，禁不得一句自称；海那深罪，禁不得双膝下跪。

一争两丑，一让两有。

续小儿语

〔明〕吕坤

四言

心要慈悲，事要方便。残忍刻薄，惹人恨怨。

手下无能，从容调理。他若有才，不服事你。

遇事逢人，豁绰舒展。要看男儿，须先看胆。

休将实用，费在无功。蝙蝠翅儿，一般有风。

一不积财，二不结怨。睡也安然，走也方便。

要知亲恩，看你儿郎。要求子顺，先孝爷娘。

别人情性，与我一般。时时体悉，件件从宽。

都见面前，谁知脑后。笑着不觉，说着不受。

人夸偏喜，人劝偏恼。你短你长，你心自晓。

卑幼不才，瞒避尊长。外人笑骂，父母夸奖。

仆隶纵横，谁向你说。恶名你受，暗利他得。

从小做人，休坏一点。覆水难收，悔恨已晚。

贪财之人，至死不止。不义得来，付与败子。

都要便宜，我得人不。亏人是祸，亏己是福。

怪人休深，望人休过。省你闲烦，免你暗祸。

正人君子，邪人不喜。你又恶他，他肯饶你？

好衣肥马，喜气扬扬。醉生梦死，谁家儿郎？

今日用度，前日积下。今日用尽，来日乞化。

无可奈何，须得安命。怨叹躁急，又增一病。

雠无大小，只恐伤心。恩若救急，一芥千金。

自家有过，人要说听。当局者迷，旁观者醒。

丈夫一生，廉耻为重。切莫求人，死生有命。

要甜先苦，要逸先劳。须屈得下，才跳得高。

白日所为，夜来省己。是恶当惊，是善当喜。

人誉我谦，又增一美。自夸自败，还增一毁。

害与利随，祸与福倚。只个平常，安稳到底。

怒多横语，喜多狂言。一时褊急，过后羞惭。

人生在世，守身实难。一味小心，方得百年。

慕贵耻贫，志趣落群。惊奇骇异，见识不济。

心不顾身，口不顾腹。人生实难，何苦纵欲。

才说聪明，便有障蔽。不着学识，到底不济。

威震四海，勇冠三军。只没本事，降伏自心。

矮人场笑，下士途说。学者识见，要从心得。

读圣贤书，字字体验。口耳之学，梦中吃饭。

男儿事业，经纶天下。识见要高，规模要大。

待人要丰，自奉要约。责己要厚，责人要薄。

一饭为恩，千金为仇。薄极成喜，爱重成愁。

鼹鼠杀象，蜈蚣杀龙。蚁穴破堤，蝼孔崩城。

意念深沉，言辞安定。艰大独当，声色不动。

相彼儿曹，乍悲乍喜。小事张皇，惊动邻里。

分卑气高，能薄欲大。中浅外浮，十人九败。

坐井观天，面墙定路。远大事业，休与共做。

冷眼观人，冷耳听话。冷情当感，冷心思理。

理可理度，事有事体。只要留心，切莫任己。

六言

修寺将佛打点，烧钱买通神明。灾来鬼也难躲，为恶天自不容。

贫时怅望糟糠，富日骄嫌甘脂。天心难可人心，那个知足饿死。

苦甜下咽不觉，是非出口难收。可怜八尺身命，死生一任舌头。

因循惰慢之人，偏会引说天命。一年不务农桑，一年忍饥受冻。

天公不要房住，神道不少衣穿。强似将佛塑画，不如救些贫难。

世人三不过意，王法天理人情。这个全然不顾，此身到处难容。

责人丝发皆非，辨己分毫都是。盗跖千古之凶，盗跖何曾觉自？

柳巷风流地狱，花奴胭粉刀山。丧了身家行止，落人眼下相看。

只管你家门户，休说别个女妻。第一伤天害理，好讲闺门是非。

人侮不要埋怨，人羞不要数说。人极不要跟寻，人愁不要喜悦。

大凡做一件事，就要当一件事。若之苟且粗疏，定不成一件事。

少年志肆心狂，长者言必偏恼。你到长者之时，一生悔恨不了。

改节莫云旧善，自新休问昔狂。贞妇白头失守，不如老妓从良。

自家痛痒偏知，别个辛酸那觉。体人须要体悉，责人慎勿责苛。

快意从来没好，拂心不是命穷。安乐人人破败，忧勤个个亨通。

儿好何须父业，儿若不肖空积。不知教子一经，只要黄金满室。

君子名利两得，小人名利两失。试看往古来今，惟有好人便益。

厚时说尽知心，堤防薄后发泄。恼时说尽伤心，再好有甚颜色？

事到延挨怕动，临时却恁慌忙。除却差错后悔，还落前件牵肠。

往日真知可惜，来日依旧因循。若肯当年一苦，无边受用从今。

东家不信阴阳，西家专敬风水。祸福彼此一般，费了钱财不悔。

德行立身之本，才识处世所先。孟浪痴呆自是，空生人代百年。

谦卑何曾致祸，忍默没个招灾。厚积深藏远器，轻发小逞凡才。

俭用亦能殼用，要足何时是足。可怜惹祸伤身，都是经营长物。

未来难以预定，算殼到头不够。每事常余二分，那有悔的时候？

火正灼时都来，火一灭时都去。炎凉自是通情，我不关心去住。

何须终年讲学，善恶个个分明。稳坐高谈万里，不如蹒跚一程。

万古此生难再，百年展眼光阴。纵不同流天地，也休浼了乾坤。

世上第一伶俐，莫如忍让为高。进屦结袜胯下，古今真正人豪。

学者三般要紧：一要降伏私欲。二要调驯气质，三要跳脱习俗。

百尺竿头进步，钻天巧智多才。饶你站得脚稳，终然也要下来。

莫防外面刀枪，只怕随身兵刃。七尺盖世男儿，自杀只消三寸。

杂言

创业就创干净，休替子孙留病。

童生进学喜不了，尚书不升终日恼。

若要德业成，先学受穷困；若要无烦恼，惟有知足好。

若要度量长，先学受冤枉；若要度量宽，先学受懊烦。

十日无菽粟，身亡；十年无金珠，何伤？

事只五分无悔，味只五分偏美。

老来疾痛，都是壮时落的；衰后冤孽，都是盛时作的。

见人忍默偏欺，忍默不是痴的。

鸟兽无杂病，穷汉没奇症。

闻恶不可就恶，恐替别人泄怒。

休说前人长短，自家背后有眼。

湿时捆就，断了约儿不散；小时教成，殁了父兄不变。

说好话，存好心，行好事，近好人。

算计二着现在，才得头着不败。

君子口里没乱道，不是人伦是世教；君子脚跟没乱行，不是规矩是准绳；君子胸中所常体，不是人情是天理。

好面上灸个疤儿，一生带破；白衣上点些墨儿，一生带涴。

恩怕先益后损，威怕先松后紧。

饥勿使耐，饱勿使再。热勿使汗，冷勿使颤。

未饥先饭，未迫先便。久立先养足，久夜先养目。

清心寡欲，不服四物；省事休嗔，不服四君。

酒少饭淡，二陈没干；慎寒谨风，续命无功。

线流冲倒泰山，休为恶事开端。

才多累了己身，地多好了别人。

白首贪得不了，一身能用多少？

趁心休要欢喜，灾殃就在这里。

未须立法，先看结煞。

休与众人结仇，休作公论对头。

做第一等人，干第一等事，说第一等话，抱第一等识。

欺世瞒人都易，惟有此心难昧。暗室虽是无人，自身怎见自身？

兰芳不厌幽谷，君子不为名修。

触龙耽怕，骑虎难下。

焚结碎环，这个不难；解环破结，毕竟有说。

无忽久安，无惮初难。

处世怕有进气，为人怕有退气。

乘时如矢，待时如死。

毋贱贱，毋老老，毋贫贫，毋小小。

欲心要淡，道心要艳。

上看千仞，不如下看一寸；前看百里，不如后看一屣。

将溢未溢，莫添一滴；将拆未拆，莫添一搦。

无束燥薪，无激愤人。

辩者不停，讷者若聋；辩者面赤，讷者屏息；辩者才住，讷者一句；辩者自惭，讷者自慊。

积威不论从违，积爱不论是非。

一子之母余衣，三子之母忍饥。

世情休说透了，世事休说够了。

盼望也不来，空劳盼望怀；愁惧也须去，多了一愁惧。

贪吃那一杯，把百杯都呕了；舍不得一金，把千金都丢了。

怪人休怪老了，爱人休爱恼了。

侵晨好饭，算不得午后饱；平日恩多，抵不得临时少。

祸到休愁，也会有救；福来休喜，也要会受。

不怕骤，只怕骤；不怕一，只怕积。

声休要太高，只是人听的便了；事休要做尽，只是人当的便好。

要吃亏的是乖，占便宜的是呆。

雨后伞，不须支；怨后恩，不须施。

人欺不是辱，人怕不是福。

刚欲杀身不顾，柔欲杀身不悟。

当迟就要宁耐，当速就要慷慨。

回顾莫辞频，前人怕后人。歇事难奋，玩民难振。

穷易过，富难享。宁受疼，莫受痒。

一向单衫耐得冻，乍脱棉袄冻成病。

无医枯骨，无浇朽木。

.